クイズでスポーツがうまくなる
知ってる?
ソフトテニス

はじめに

ソフトテニスって楽《たの》しいよ！

小学生《しょうがくせい》からソフトテニスを始《はじ》めるみなさんへ――。この本《ほん》には、始《はじ》めたばかりの子《こ》から全国大会《ぜんこくたいかい》に出場《しゅつじょう》する選手《せんしゅ》まで、みなさんと同《おな》じ小学生《しょうがくせい》がたくさん登場《とうじょう》します。

そんな彼《かれ》ら彼女《かのじょ》たちは、初《はじ》めてラケットでボールを打《う》ったときの感触《かんしょく》、ボールを飛《と》ばす楽《たの》しさ、ペアや仲間《なかま》とのチームワーク、ポイントを取《と》る喜《よろこ》び、試合《しあい》で勝《か》つ達成感《たっせいかん》、また負《ま》けたときの悔《くや》しさ、なかなかうまくいかないもどかしさ……、少《すこ》しずつ上達《じょうたつ》していく中《なか》で、笑《わら》ったり涙《なみだ》したりといったさまざまな思《おも》いを感《かん》じて、日々成長《ひびせいちょう》しています。

本書《ほんしょ》はクイズ形式《けいしき》で、ソフトテニスをプレーしていく上《うえ》でのポイントなどを紹介《しょうかい》しています。ページをめくるのが楽《たの》しいと感《かん》じながら活用《かつよう》していただければうれしい限《かぎ》りです。

小学生《しょうがくせい》とともに長《なが》い間《あいだ》歩《あゆ》んできました。第1回《だいいっかい》の全国大会《ぜんこくたいかい》では、今日《こんにち》のようにバックハンドやスマッシュを打《う》てる選手《せんしゅ》はいませんでした。左利《ひだりき》きの選手《せんしゅ》が繰《く》り出《だ》すカットサービスを、だれも返球《へんきゅう》できなかったこともありました。

それが長《なが》い年月《ねんげつ》の間《あいだ》に、小学生《しょうがくせい》たちの技術力《ぎじゅつりょく》も向上《こうじょう》し、今《いま》ではほとんどの選手《せんしゅ》がバックハンドを打《う》て、ダブルファースト（上《うえ》から打《う》つセカンドサービス）でサービスできる選手《せんしゅ》も現《あらわ》れてきました。技術《ぎじゅつ》も著《いちじる》しく進歩《しんぽ》を遂《と》げ、さらに道具《どうぐ》も進化《しんか》していることを痛感《つうかん》します。

「ソフトテニスって楽《たの》しい！」と感《かん》じることが、上達《じょうたつ》への近道《ちかみち》だと思《おも》います。好《す》きなことに一生懸命《いっしょうけんめい》に取《と》り組《く》み、大《おお》きな達成感《たっせいかん》を味《あじ》わってください。

和歌山《わかやま》LCC　川《かわ》並《なみ》久《く》美《み》子《こ》

この本《ほん》の使《つか》い方《かた》

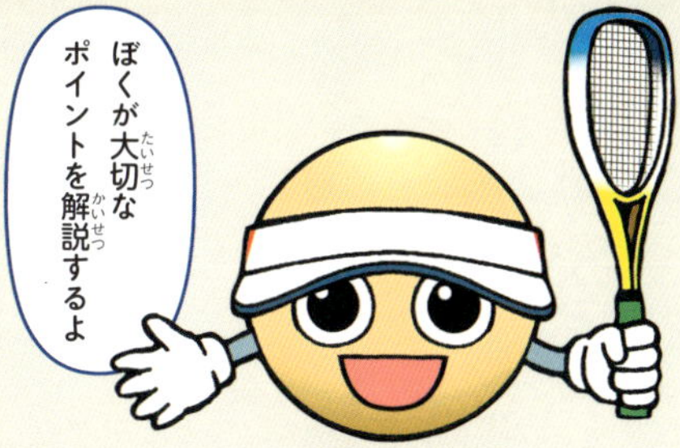

この本《ほん》のキャラクター
ソフトテニスくん

この本《ほん》では、ソフトテニスをするときに、みなさんが疑問《ぎもん》に思《おも》うことや、体《からだ》の使《つか》い方《かた》がうまくなるためのコツ、練習《れんしゅう》のポイントなどをクイズ形式《けいしき》で紹介《しょうかい》していきます。初級《しょきゅう》から上級《じょうきゅう》まで、問題《もんだい》レベルが一目《ひとめ》でわかるようになっています。なお、基本的《きほんてき》に右利《みぎき》きを想定《そうてい》して解説《かいせつ》します。

問題《もんだい》と答《こた》えのマークについて

クイズのマークです。初級《しょきゅう》、中級《ちゅうきゅう》、上級《じょうきゅう》に分《わ》かれています

00の答《こた》え

クイズの解答《かいとう》です

そのほかのマークについて

[ヒント]
問題《もんだい》のヒントです。問題《もんだい》がむずかしいときは見《み》てください

[なんで?]
正解《せいかい》の理由《りゆう》、疑問《ぎもん》に思《おも》うポイントをくわしく解説《かいせつ》しています

[ポイント]
競技《きょうぎ》に生《い》かせるワンポイントアドバイスです

[トライ]
競技《きょうぎ》に生《い》かすために、やってみてほしい練習《れんしゅう》です

[用語説明《ようごせつめい》]
ソフトテニスの専門用語《せんもんようご》などを解説《かいせつ》しています。用語《ようご》は140ページのさくいんでも調《しら》べられます

[OK]
動作《どうさ》のいい例《れい》です

[NG]
動作《どうさ》の悪《わる》い例《れい》です

もくじ

はじめに 2
この本の使い方 3

第1章 ソフトテニスの基本を知ろう

- 初 Q01 ソフトテニスのコートはどのくらいの大きさ？ 9
- 初 Q02 ラケットの「グリップ」はどこ？ 11
- 初 Q03 「クレーコート」はどれ？ 13
- 初 Q04 ウエスタングリップとは、どういう握り方？ 15

問題番号の上にあるマークは、各問題の難易度を示しています

- 初 …初級
- 中 …中級
- 上 …上級

第2章 ウォーミングアップ

- 初 Q05 トライ！ ウエスタングリップの正しい握り方を覚えよう！ 17
- 初 Q06 どんなユニフォームで、試合に出るの？ 19
- 初 Q07 何点取れば、1ゲームうばえるの？ 21
- 初 Q08 いつサービスを交代するの？ 23
- 初 Q08 ゴールデンエイジとは 27
- 初 Q09 体のトレーニングと脳のトレーニング ラダートレーニングをするとき、どこを見る？ 28
- 初 Q09 遠くにボールを投げるには？ 29
- 初 Q09 トライ！ 打球を素手でキャッチして投げ返す 31
- 中 Q10 ワンバウンドしたボールをどうやってキャッチする？ 33
- 中 Q11 転がってくるボールのとり方は？ 35

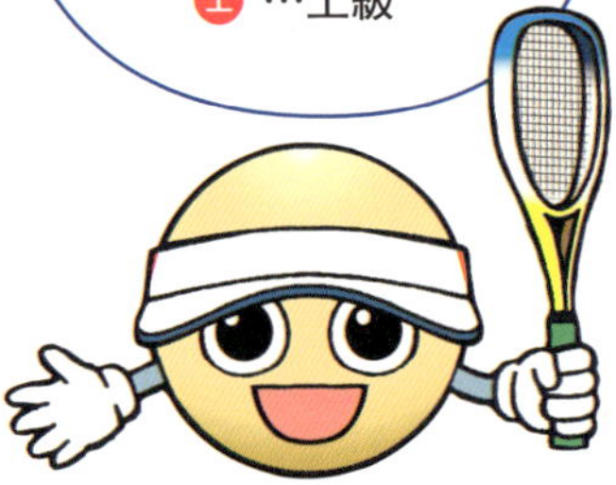

第3章 ミスのないストロークをめざそう

初 **Q12** ボールを打つ前の体勢について。足はどうする？ …… 49
トライ！ ジャンプしてヒザの角度を決める …… 51
初 **Q13** ラケットは上から引く？ 下から引く？ …… 53
初 **Q14** フォアハンドでボールを打つときに大事なことは？ …… 55
トライ！ 一回転打ち …… 58
初 **Q15** バックハンドをうまく打つときのコツは？ …… 59
トライ！ 手で打つ練習 …… 63
中 **Q16** 移動してボールを打つとき、気をつけることは？ …… 65
中 **Q17** 深いボールをうまく返球するには？ …… 69
中 **Q18** 短いボールをミスなく返球するには？ …… 71

中 **Q19** ボールはどの高さで打つといい？ …… 73
ミスのないストロークの打ち方 …… 76
足のすべらせ方 …… 82
中 **Q20** ネット際のボールを、うまく返すためには？ …… 83

第4章 安定感のあるサービスを身につけよう

オーバーヘッドサービスの流れ …… 86
初 **Q21** 「トス」はサービスの、どの場面を指す？ …… 89
トライ！ トスアップ …… 91
中 **Q22** オーバーヘッドサービスを打つときの正しいポイントは？ …… 92
トライ！ ゼロからオーバーヘッドサービスを練習 …… 96
中 **Q23** よくないカットサービスはどれ？ …… 97

第《だい》5章《しょう》 ミスのないネットプレーをめざそう

初 Q25 正《ただ》しい正面《しょうめん》ボレーの打《う》ち方《かた》は? …… 103
初 Q26 正《ただ》しいフォアボレーのフットワークは? …… 105
トライ! フォアボレー …… 106
初 Q27 正《ただ》しいバックボレーのとり方《かた》は? …… 107
中 Q28 正《ただ》しいローボレーのとり方《かた》は? …… 109
トライ! ボールを待《ま》つ感覚《かんかく》を覚《おぼ》える …… 110
中 Q29 スマッシュを打《う》つときの正《ただ》しいさがり方《かた》と姿勢《しせい》は? …… 111
上 Q30 なぜ右手《みぎて》のヒジをあげて後《うし》ろにさがる? …… 113
ラケット面《めん》の準備《じゅんび》の仕方《しかた》 …… 116

第《だい》6章《しょう》 もっと試合《しあい》に勝《か》つために知《し》っておこう

中 Q31 前衛《ぜんえい》の正《ただ》しいポジションはどれ? …… 119
上 Q32 前衛《ぜんえい》がボレーやスマッシュを追《お》うタイミングで正《ただ》しいのはどれ? …… 121
中 Q33 前衛《ぜんえい》が後《うし》ろからネットにつくとき間違《まちが》っているのはどれ? …… 123
食事《しょくじ》のこと …… 126
中 Q34 後衛《こうえい》が相手前衛《あいてぜんえい》を攻《せ》めるとき相手《あいて》にとられやすいのは? …… 127
中 Q35 後衛《こうえい》が使《つか》うショット「攻《せ》めのロブ」とは? …… 129
元気《げんき》に大《おお》きな声《こえ》を出《だ》してプレーしよう …… 132
初 Q36 もし、ミスをしてしまったら? …… 133
上 Q37 ルーティンにふさわしくないのはどれ? …… 135
指導《しどう》の基本《きほん》は変《か》わらない …… 138
向上心《こうじょうしん》、探求心《たんきゅうしん》、好奇心《こうきしん》 …… 139
用語集《ようごしゅう》 …… 140
おわりに …… 142

第《だい》1章《しょう》

ソフトテニスの基本《きほん》を知《し》ろう

ソフトテニスのおもしろさは コンビネーションプレー！

2人《ふたり》で協力《きょうりょく》して得点《とくてん》する

ソフトテニスには、1人対1人《ひとりたいひとり》で行《おこな》う「シングルス」と2人対2人《ふたりたいふたり》で行《おこな》う「ダブルス」がありますが、多《おお》くのみなさんはダブルスでプレーすることが多《おお》いでしょう。

ダブルスの試合《しあい》に出《で》るためには、まず一《ひと》つずつのプレーをマスターすることが重要《じゅうよう》です。さらに、試合《しあい》で得点《とくてん》するために、ペアとしてのコンビネーションを磨《みが》いていかなければいけません。コンビネーションというのは、自分《じぶん》たちが攻《せ》めるとき、相《あい》手《て》に攻《せ》められたとき、ペアをカバーしながらそれぞれが場面《ばめん》に合《あ》った動《うご》きを見《み》せるということです。ただ、ボールを打《う》ち返《かえ》すだけではなく、2《ふた》人《り》で協力《きょうりょく》して得点《とくてん》するというのも、ソフトテニスの楽《たの》しさといえます。

問題《もんだい》 01
初級《しょきゅう》

ソフトテニスのコートはどのくらいの大《おお》きさ?

1. 縦《たて》20メートル、
横《よこ》20メートル

2. 縦《たて》23.77メートル、
横《よこ》10.97メートル

3. 縦《たて》40メートル、
横《よこ》15メートル

\ヒント/
hint

テレビなどでテニスの試合《しあい》を観《み》たことがありますか？　正方形《せいほうけい》か長方形《ちょうほうけい》、どちらだったでしょう。

☜ 答《こた》えがわかったらページをめくってね

01の答《こた》え ▶ 2 縦《たて》23.77メートル、横《よこ》10.97メートル

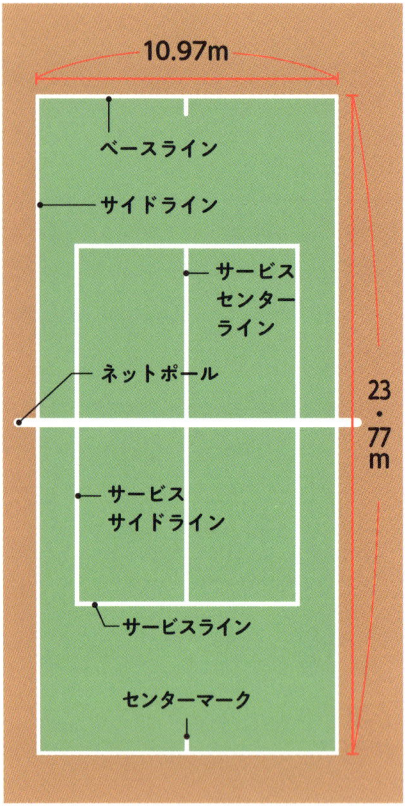

ソフトテニスのコートは縦《たて》が長《なが》く、横《よこ》が短《みじか》い、長細《ながほそ》い形《かたち》をしています。そして、その中央《ちゅうおう》にネットを張《は》り、左右《さゆう》のコートに分《わ》かれてプレーしていきます。

左《ひだり》の図《ず》では、コートの大《おお》きさとそれぞれのラインの名前《なまえ》を紹介《しょうかい》します。試合《しあい》をするとき、練習《れんしゅう》をするときに、大切《たいせつ》なことですから、しっかり覚《おぼ》えていきましょう。

ベースライン…コートの横《よこ》のライン。このラインより外《そと》に出《で》るとアウトになる。長《なが》さは10.97メートル

サイドライン…コートの縦《たて》のライン。このラインより外《そと》に出《で》るとアウトになる。長《なが》さは23.77メートル

サービスライン…サービスを打《う》つときに使《つか》う横《よこ》のライン。長《なが》さは8.23メートル

ネットポール…コートの中央《ちゅうおう》にネットを張《は》るときに使《つか》う柱《はしら》。高《たか》さは1.07メートル

サービスサイドライン…サービスを打《う》つときに使《つか》う縦《たて》のライン。長《なが》さは12.80メートル

サービスセンターライン…サービスを打《う》つときに使《つか》う真《ま》ん中《なか》の縦《たて》のライン

センターマーク…サービスを打《う》つときの目印《めじるし》

これ知《し》ってる？ ボールのコース

コートのどこからどこに打《う》つかによって、コースの呼《よ》び方《かた》が変《か》わります。

右側《みぎがわ》の選手《せんしゅ》が……

①まっすぐに打《う》っていくのが「右《みぎ》ストレート」

②左斜《ひだりなな》めに打《う》っていくのが「クロス」

左側《ひだりがわ》の選手《せんしゅ》が……

③右斜《みぎなな》めに打《う》っていくのが「逆《ぎゃく》クロス」

④まっすぐに打《う》っていくのが「左《ひだり》ストレート」

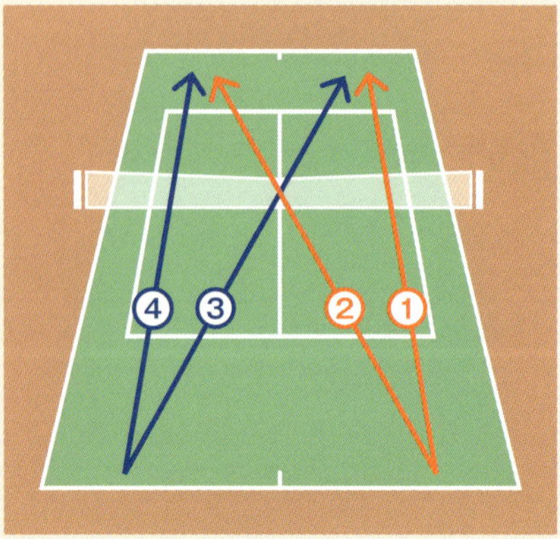

問題《もんだい》
初級《しょきゅう》
02

テニスコートにいくつか種類《しゅるい》があります。「クレーコート」はどれ？

1 土《つち》のコート

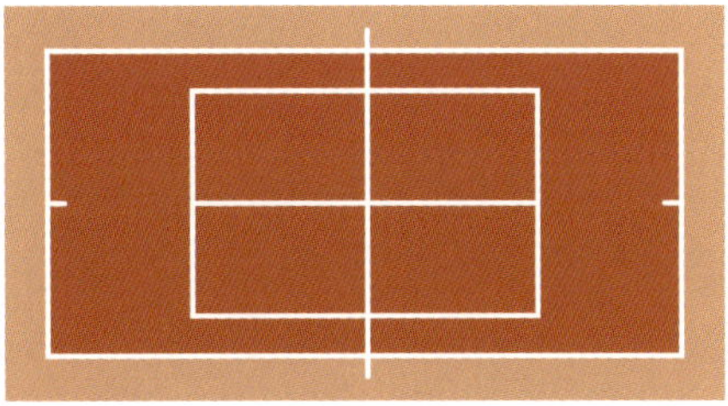

2 砂《すな》入《い》り人工芝《じんこうしば》のコート

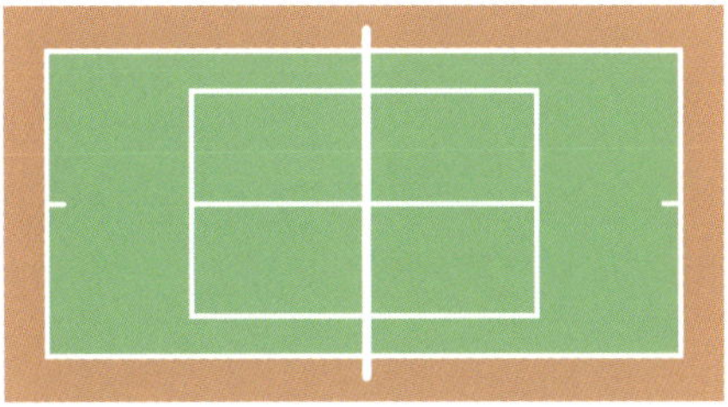

3 アスファルトやセメントのような固《かた》いコート

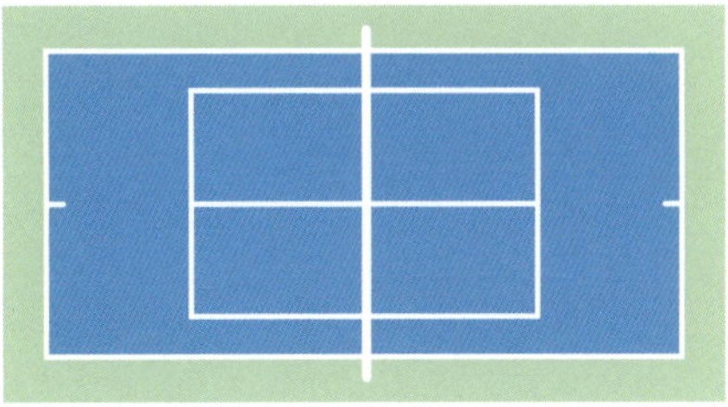

\ヒント/
hint

「クレー」を日本語《にほんご》にするとなんでしょう。学校《がっこう》の校庭《こうてい》にテニスコートがある場合《ばあい》、サッカーや野球《やきゅう》のクラブと一緒《いっしょ》に校庭《こうてい》を使《つか》いますよね。その場合《ばあい》の地《じ》面《めん》は……？

答《こた》えがわかったらページをめくってね

02の答《こた》え ▶ 1 土《つち》のコート

なんで

「クレー」は英語《えいご》で「土《つち》」「粘土《ねんど》」のことだから

ソフトテニスだけではなく、硬式《こうしき》テニスでも土《つち》のコートのことを「クレーコート」と言《い》います。また、最近《さいきん》は雨《あめ》が降《ふ》ったあとでもかわくのが早《はや》い、「砂《すな》入《い》り人《じん》工芝《こうしば》コート」が使《つか》われることも多《おお》いです。さらに、冬場《ふゆば》には体育館《たいいくかん》の中《なか》で試合《しあい》をすることもあります。これはインドア大会《たいかい》と言《い》われ、体育館《たいいくかん》にラインテープを貼《は》ってテニスコートをつくります。そのほか、硬式《こうしき》テニスではよくアスファルトやセメントの上《うえ》にコートをつくり、試合《しあい》や練《れん》習《しゅう》を行《おこな》います。これは「ハードコート」と呼《よ》ばれています。

これ知《し》ってる？ コートの種類《しゅるい》

テニスコートの種類《しゅるい》は、主《おも》に4つが挙《あ》げられます。それぞれ表面《ひょうめん》（サーフェス）が異《こと》なりますが、みなさんがよく使《つか》うのは、土《つち》のコート、もしくは砂《すな》入《い》り人工芝《じんこうしば》のコートがほとんどだと思《おも》います。それぞれの特《とく》徴《ちょう》を紹介《しょうかい》しますので、知《し》っておいてください。

クレーコート

土《つち》のコート。ボールのスピードを生《い》かしやすく、スピードボールが威力《いりょく》を発揮《はっき》する。学生《がくせい》の部活動《ぶかつどう》ではクレーコートを使《つか》うことが多《おお》い

砂《すな》入《い》り人工芝《じんこうしば》コート

砂《すな》が含《ふく》まれた人工芝《じんこうしば》のコート。土《つち》のコートよりも、バウンド後《ご》のボールの勢《いきお》いが少《すこ》し落《お》ちる。雨《あめ》に強《つよ》く、多少《たしょう》の雨《あめ》でもプレーできる

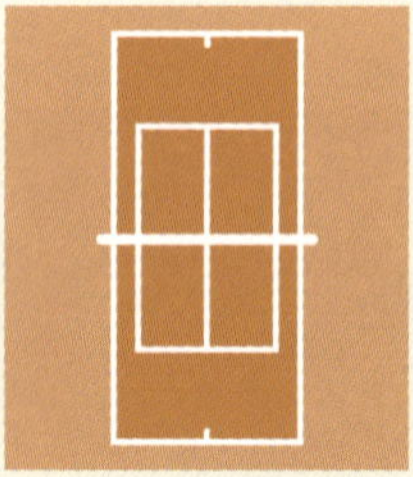

木板《もくはん》のコート（屋内《おくない》）

フローリングのコート。砂《すな》入《い》り人工芝《じんこうしば》以上《いじょう》にバウンド後《ご》のボールの勢《いきお》いが落《お》ちやすく、ラリーが続《つづ》きやすい。ボールの回転《かいてん》がかかりやすいのでカットサービスなどが有効《ゆうこう》

ハードコート

アスファルトやセメントの上《うえ》に、クッション性《せい》のある樹脂《じゅし》をのせたコート。バウンド時《じ》にボールの勢《いきお》いを吸収《きゅうしゅう》するため、木板《もくはん》コートと似《に》た特《とく》徴《ちょう》を持《も》つ

問題《もんだい》
03
初級《しょきゅう》

ラケットの「グリップ」は、どこ？

ちなみに「シャフト」は
1本《ぽん》タイプと2本《ほん》タイプがあるよ
とくに腕《うで》の力《ちから》が弱《よわ》い初心者《しょしんしゃ》のうちは
2本《ほん》タイプを使《つか》う選手《せんしゅ》が多《おお》いね

\ヒント/
hint

ソフトテニスでは、「グリップを握《にぎ》る」「グリップの握《にぎ》り方《かた》」という言葉《ことば》をよく使《つか》います。ラケットで握《にぎ》る部分《ぶぶん》といえばなんでしょう？

☞ 答《こた》えがわかったらページをめくってね

03の答《こた》え

▼ 3

ソフトテニスをプレーするときに、絶対《ぜったい》になければいけないものが、ラケットです。自分《じぶん》が使《つか》う道具《どうぐ》について理解《りかい》しておきましょう。なお、ラケットの公認《こうにん》マークがあるほうが「表《おもて》」、反対側《はんたいがわ》は「裏《うら》」と呼《よ》びます。

ラケットヘッド

ラケットの先端《せんたん》部分《ぶぶん》

フレーム

ラケット全体《ぜんたい》を囲《かこ》むワクのこと

ガット(ストリングス)

ボールを打《う》つ面《めん》に張《は》られたナイロン製《せい》のヒモのこと

公認《こうにん》マーク

日本《にほん》ソフトテニス連盟公認《れんめいこうにん》のマーク。公認《こうにん》された大会《たいかい》ではこのマークのあるラケットを使《つか》わなければならない。ラケットのシャフト部《ぶ》に貼《は》られていることが多《おお》い

シャフト

ヒモが交差《こうさ》しているガットの部分《ぶぶん》と棒状《ぼうじょう》のグリップをつなぐ部分《ぶぶん》

グリップエンド

グリップの下《した》の部分《ぶぶん》

グリップ

プレーヤーがラケットを握《にぎ》る部分《ぶぶん》

これ知《し》ってる? ボールの決《き》まり

硬式《こうしき》ボールとは異《こと》なり、ソフトテニスではゴム製《せい》のボールに空気《くうき》を入《い》れて使《つか》います。直径《ちょっけい》6.6センチ、重《おも》さは30～31グラム。さらに1.5メートルの高《たか》さから落《お》として、70～80センチバウンドすることが決《き》まりです。

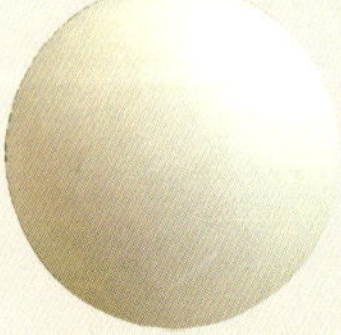

問題《もんだい》 04
初級《しょきゅう》

ウエスタングリップとは、どういう握《にぎ》り方《かた》?

1 ラケット面《めん》と手《て》のひらが平行《へいこう》になるように握《にぎ》る

2 ラケット面《めん》と手《て》のひらが垂直《すいちょく》になるように握《にぎ》る

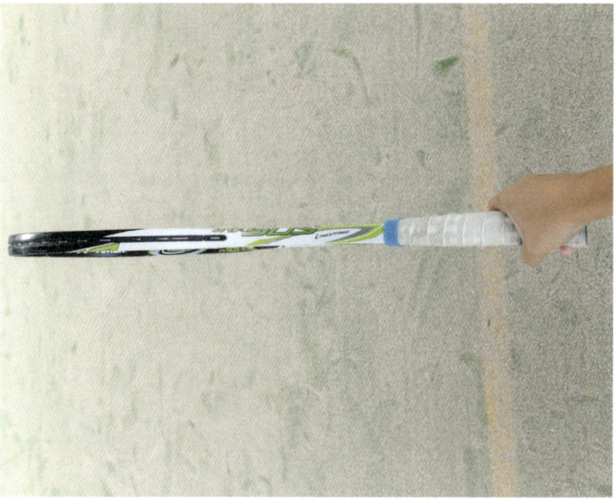

\ヒント/
hint

ウエスタングリップは、一番《いちばん》ラケットを振《ふ》りやすい握《にぎ》り方《かた》のことです。どう握《にぎ》るとラケットを自由《じゆう》に振《ふ》る（スイングする）ことができるでしょう。

答《こた》えがわかったらページをめくってね

04の答《こた》え

▼

1

ラケット面《めん》と手《て》のひらが平行《へいこう》になるように握《にぎ》る

グリップの握《にぎ》り方《かた》は一般的《いっぱんてき》に３種類《しゅるい》あります。ラケット面《めん》と手《て》のひらが平行《へいこう》の状態《じょうたい》で握《にぎ》る「ウエスタングリップ」、ラケット面《めん》と手《て》のひらが垂直《すいちょく》の状態《じょうたい》で握《にぎ》る「イースタングリップ」、ウエスタングリップとイースタングリップの中間《ちゅうかん》の握《にぎ》り方《かた》の「セミウエスタングリップ」です。

初心者《しょしんしゃ》の場合《ばあい》は、もっとも一般的《いっぱんてき》な握《にぎ》り方《かた》であるウエスタングリップですべてのプレーに対応《たいおう》するのがよいでしょう。中上級者《ちゅうじょうきゅうしゃ》になってくると、プレーごとに適《てき》したグリップの握《にぎ》り方《かた》にかえて、ミスなく威力《いりょく》のあるボールを打《う》っていきます。

▶グリップが厚《あつ》い

力強《ちからづよ》くスイングできるのが特徴《とくちょう》の握《にぎ》り方《かた》

▶グリップが薄《うす》い

ラケットをコントロールしやすい握《にぎ》り方《かた》

POINT

それぞれのグリップの握《にぎ》りと適《てき》したプレー

ウエスタングリップ

地面《じめん》に置《お》いたラケットを真上《まうえ》から握《にぎ》りこむ、もっとも厚《あつ》い握《にぎ》りのグリップ。力《ちから》が入《はい》りやすく、一《ひと》つの握《にぎ》り方《かた》でフォアもバックも打《う》てる。

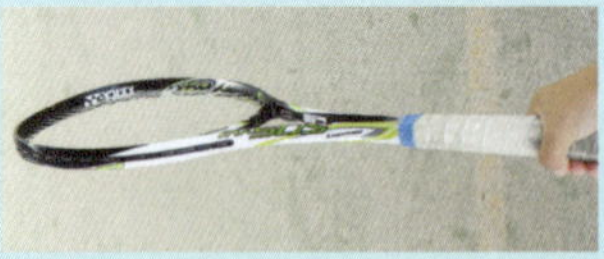

セミウエスタングリップ

ウエスタングリップとイースタングリップの中間《ちゅうかん》のグリップ。力《ちから》が入《はい》りやすく、球種《きゅうしゅ》も打《う》ち分《わ》けやすい。

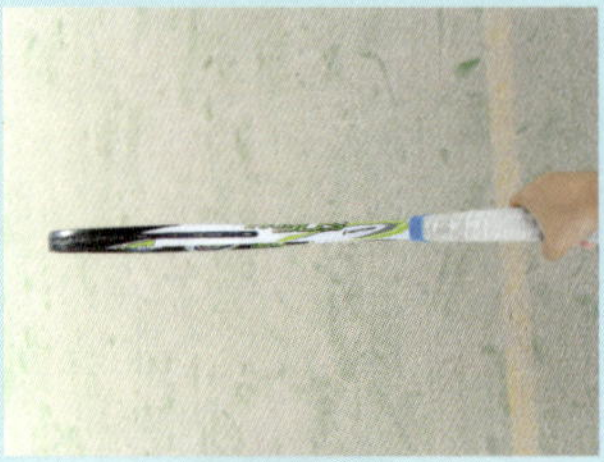

イースタングリップ

親指《おやゆび》と人《ひと》さし指《ゆび》の付《つ》け根《ね》が、グリップエンド上部《じょうぶ》の右隅《みぎすみ》（図《ず》）に当《あ》たるグリップ。手《て》の延長《えんちょう》のようにラケットを扱《あつか》える反面《はんめん》、薄《うす》いグリップなので回転《かいてん》をかけたボールを打《う》ちにくく、高《たか》い打点《だてん》のボールに力《ちから》が入《はい》りにくい。

＊このほかに、さらに薄《うす》く握《にぎ》る「コンチネンタルグリップ」もある。届《とど》く範囲《はんい》は広《ひろ》いが、打点《だてん》が体《からだ》のほぼ真横《まよこ》になるので力《ちから》を入《い》れづらいという欠点《けってん》がある。

トライ! ウエスタングリップの正《ただ》しい握《にぎ》り方《かた》を覚《おぼ》えよう！

ラケットを操作《そうさ》してボールを思《おも》い通《どお》りのコースに打《う》っていくためには、正《ただ》しくラケットを握《にぎ》らなければなりません。グリップの握《にぎ》り方《かた》は一《ひと》つではありませんが、ここではストローク、ボレー、サービス…といった幅広《はばひろ》いプレーができ、基本《きほん》となるウエスタングリップの握《にぎ》り方《かた》を紹介《しょうかい》します。

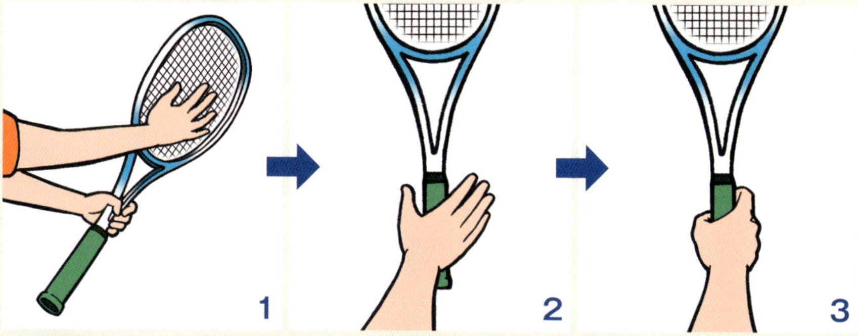

やりかた

1　ラケット面《めん》のガットの部分《ぶぶん》に利《き》き手《て》の手《て》のひらを乗《の》せる。
2　そのまま手《て》のひらをグリップ部分《ぶぶん》まで移動《いどう》させる。
3　2の状態《じょうたい》でグリップを握《にぎ》る。

ちょうどいい強《つよ》さで握《にぎ》れている

ギュッと握《にぎ》る

POINT

グリップを握《にぎ》る強《つよ》さは？

5本《ほん》の指《ゆび》でギュッと握《にぎ》ると体全体《からだぜんたい》に力《ちから》が入《はい》り、ラケットを操作《そうさ》しにくいです。打《う》つ瞬間《しゅんかん》だけ力《ちから》を入《い》れましょう。右《みぎ》の写真《しゃしん》のように、丸《まる》めた新聞紙《しんぶんし》を使《つか》って力加減《ちからかげん》を覚《おぼ》えるのも効果的《こうかてき》です。

なお、グリップを上《うえ》のほうで握《にぎ》ると振《ふ》りづらく、下《した》のほうで握《にぎ》ると安定《あんてい》させるのがむずかしいです。ちょうどいい位置《いち》を探《さが》してみてください。

裸足《はだし》で遊《あそ》ぼう！

私《わたし》たちのチームでは、体育館《たいいくかん》練習《れんしゅう》のときなど、裸足《はだし》で歩《ある》いたり、足《あし》でグーチョキパーをして遊《あそ》びます。ほかにも、自分《じぶん》の前《まえ》にタオルを縦《たて》に置《お》き、タオルの端《はし》っこを踏《ふ》んで、両足《りょうあし》の指先《ゆびさき》でタオルをたぐり寄《よ》せる競争《きょうそう》なども行《おこな》います。

なぜ、いいシューズが出回《でまわ》っているのにあえて脱《ぬ》ぐのか？

それは足《あし》で地面《じめん》をつかむ感覚《かんかく》を覚《おぼ》えてほしいからです。

なお、砂入《すない》り人工芝《じんこうしば》のコート上《じょう》を裸足《はだし》で走《はし》り回《まわ》ると、やけどすることがあるので気《き》をつけましょう。

自分《じぶん》のサイズに合《あ》った シューズを正《ただ》しく履《は》こう

小学生《しょうがくせい》も、ヒモで結《むす》ぶタイプのシューズを履《は》く選《せん》手《しゅ》が多《おお》いでしょう。自分《じぶん》で結《むす》ぶのはむずかしいかもしれませんが、ヒモがゆるんだままプレーしてしまうと、大《おお》きなケガにつながることもあります。逆《ぎゃく》にきつく締《し》めすぎてもよくありません。選手《せんしゅ》として気《き》をつけていく習慣《しゅうかん》をつけていきましょう。サイズの合《あ》ったシューズを選《えら》び、プレー前《まえ》、プレー中《ちゅう》でもヒモがゆるんだらしっかり結《むす》びなおすことが大切《たいせつ》です。

問題《もんだい》
初級《しょきゅう》
05

どんなユニフォームで、試合《しあい》に出《で》るの？

＼ヒント／
hint

袖《そで》の長《なが》さやエリなどに注目《ちゅうもく》してみましょう。

答《こた》えがわかったらページをめくってね

05の答《こた》え ▼ 2

下《した》の写真《しゃしん》を見《み》てください。正《ただ》しいユニフォームの着用《ちゃくよう》の仕方《しかた》です。規則通《きそくどお》りにユニフォームを着《き》ていないと、試合《しあい》に出《で》られない場合《ばあい》もあります。選手《せんしゅ》のみなさんだけではなく、監督《かんとく》や保護者《ほごしゃ》のみなさんも理解《りかい》しておいてください。せっかく楽《たの》しみにしていた試合《しあい》に出《で》られないなんてことがないように！

ユニフォーム

上《うえ》は半袖《はんそで》、下《した》は丈《たけ》がヒザよりも上《うえ》のパンツ、もしくはスコート（短《みじか》いスカート）を着用《ちゃくよう》。ハイソックスは×

ゼッケン

選手《せんしゅ》は、背中《せなか》にゼッケンをつけなければならない。ゼッケンには学校名《がっこうめい》もしくはチーム名《めい》、そして苗字《みょうじ》を書《か》く。取《と》り外《はず》しができるよう、ホックやマジックテープでつけるとよい

都道府県名《とどうふけんめい》
姓《せい》(苗字《みょうじ》)
所属名《しょぞくめい》

＊ゼッケンの例《れい》　日本《にほん》ソフトテニス連盟《れんめい》HPより

シューズ

テニスシューズを履《は》く

帽子《ぼうし》

試合《しあい》は1年中《ねんじゅう》行《おこな》われるが、特《とく》に、夏《なつ》の試合《しあい》では帽子《ぼうし》やサンバイザーをかぶって少《すこ》しでも暑《あつ》さをしのげるようにしよう

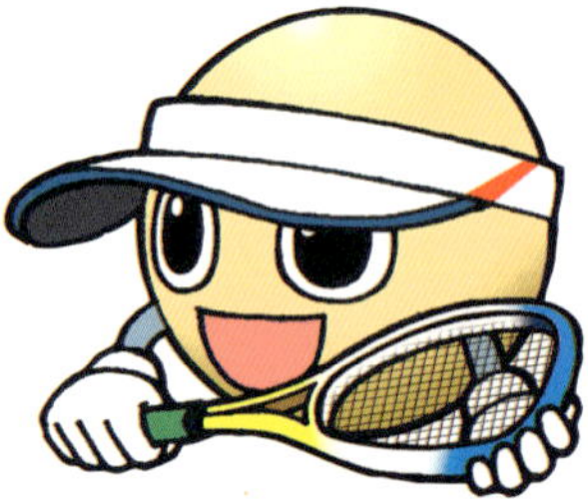

問題《もんだい》 06

初級《しょきゅう》

何《なん》点《てん》取《と》れば、1ゲームうばえるの？

1. 21点《てん》
2. 15点《てん》
3. 4点《てん》

ヒント
hint

硬式《こうしき》テニスと同《おな》じ点《てん》の入《い》れ方《かた》です（ただし読《よ》み方《かた》は異《こと》なります）。硬式《こうしき》テニスの得点《とくてん》は、0（ラブ）、15（フィフティーン）、30（サーティー）、40（フォーティー）とカウントしていきます。

答《こた》えがわかったらページをめくってね

06の答《こた》え

▼

3

4点《てん》

1ゲーム4点先取《てんせんしゅ》で試合《しあい》を行《おこな》います。3－3でデュース（同点《どうてん》）になったときには、2点差《てんさ》をつけた選手《せんしゅ》もしくはペアがゲームを取《と》れるのです。

5ゲームマッチならば、3ゲームを先《さき》に取《と》ったペアが勝《か》ち。7ゲームの場《ば》合《あい》は4ゲーム、9ゲームのときには5ゲーム先取《せんしゅ》したほうが勝《か》ちです。小学《しょうがく》生《せい》の場合《ばあい》は、5ゲームマッチ、7ゲームマッチが多《おお》いでしょう。

また、カウントの読《よ》み方《かた》としては…

1－0➡「ワン、ゼロ」

0－1➡「ゼロ、ワン」

1－1➡「ワンオール」

3－3➡「3オールデュース」

4－3➡「アドバンテージ●●
（●●は「サーバー」もしくは「レシーバー」のうち、
リードしているほうをコール）」

というように、ソフトテニスでは英語読《えいごよ》みをします。

これ知《し》ってる？

ファイナルゲームとは？

5ゲームマッチで行《おこな》われる試合《しあい》で、ゲームカウントが2－2（5ゲームマッチ）だった場合《ばあい》、勝負《しょうぶ》を決《き》める最後《さいご》のゲーム・5ゲーム目《め》をファイナルゲームと呼《よ》びます。7ゲームマッチであれば7ゲーム目《め》、9ゲームマッチであれば9ゲーム目《め》のことです。

そのファイナルゲームでは、7ポイント先取《せんしゅ》になります。先《さき》に7ポイントうばったほうが、ファイナルゲームの末《すえ》に勝利《しょうり》したことになるのです。

問題《もんだい》 07

初級《しょきゅう》

いつサービスを交代《こうたい》するの？（7ゲームマッチの場合《ばあい》）

1 2ゲームごとに交代《こうたい》

2 1ゲームごとに交代《こうたい》

3 5分ごとに交代《こうたい》

＼ヒント／
hint

1回《かい》もサービスを打《う》たないで試合《しあい》が終《お》わることはありません。7ゲームマッチの試合《しあい》でも、かならず2ゲームはサービスを打《う》ちます。

07の答《こた》え

2

1ゲームごとに交代《こうたい》

なんで

サービスはゲームごとに交代《こうたい》

サービス・レシーブは、1ゲームごとに2ペアが交互《こうご》に行《おこな》います（ファイナルゲームを除《のぞ》く）。つまり、最初《さいしょ》にサービスの権利《けんり》を得《え》たペアは奇《き》数《すう》ゲームがサービスゲームに、逆《ぎゃく》に1ゲーム目《め》がレシーブだったペアは偶数《ぐうすう》ゲームがサービスゲームになります。

コートの場所《ばしょ》を交代《こうたい》する「サイドチェンジ」は、奇数《きすう》ゲームが終《お》わるごとに行《おこな》います。

これ知《し》ってる？　試合《しあい》の流《なが》れ

試合《しあい》を行《おこな》うときの流《なが》れを順番《じゅんばん》に整理《せいり》していきましょう。

①試合前《しあいまえ》の整列《せいれつ》とあいさつ

②サービス、レシーブを決《き》めるトス

両《りょう》ペアの代表選手《だいひょうせんしゅ》がじゃんけんをします。負《ま》けた側《がわ》はラケットを回《まわ》し、勝《か》った側《がわ》は「表《おもて》」または「裏《うら》」と言《い》います（ラケットの公認《こうにん》マークのほうを「表《おもて》」、反対《はんたい》のほうを「裏《うら》」という。くわしくは14ページ）。言《い》い当《あ》てた場合《ばあい》は、「サービスかレシーブ」もしくは「コートサイド」を選《えら》べます。

③試合前《しあいまえ》の乱打《らんだ》

お互《たが》いのサイドに入《はい》り、クロス、逆《ぎゃく》クロスに分《わ》かれて相手《あいて》とボールを打《う》ち合《あ》います。大会《たいかい》によっては、ない場合《ばあい》もあります。

④試合開始《しあいかいし》

正審《せいしん》の「レディ」のコールで乱打《らんだ》をやめ、試合開始《しあいかいし》のときのポジションにつきます。そして、正審《せいしん》が「サービスサイド●●（所属《しょぞく》）■■／■■（ペア）、レシーブサイド●●（所属《しょぞく》）■■／■■（ペア）」⇒「▲ゲームマッチ、プレーボール」とコールし、試合《しあい》がスタートします。

⑤試合終了《しあいしゅうりょう》

片方《かたほう》が既定《きてい》のゲーム数《すう》をうばった時点《じてん》で、正審《せいしん》が「ゲームセット」とコール。

⑥試合終了後《しあいしゅうりょうご》のあいさつ

⑦勝者《しょうしゃ》サイン

勝利《しょうり》した選手《せんしゅ》／ペアはジャッジペーパー（採点表《さいてんひょう》）にサインをします。

第《だい》 2 章《しょう》

ウォーミングアップ

ラケットやボールと友《とも》だちになろう!! 体《からだ》を温《あたた》めつつトレーニング

正《ただ》しい体《からだ》の動《うご》かし方《かた》やスイング、判断力《はんだんりょく》や反応力《はんのうりょく》を養《やしな》おう

　ソフトテニスはボールを打《う》って、相手《あいて》とラリーをするスポーツです。ボールをねらい通《どお》りに打《う》つためには技術《ぎじゅつ》だけあればよいのではありません。正《ただ》しい体《からだ》の動《うご》かし方《かた》や判断力《はんだんりょく》や反応力《はんのうりょく》など、必要《ひつよう》な能力《のうりょく》はたくさんあります。

　この章《しょう》では、ラケットを持《も》つ前《まえ》にボールのとらえ方《かた》に慣《な》れたり、ラケットの振《ふ》り方《かた》や体《からだ》の使《つか》い方《かた》を身《み》につけるための準備《じゅんび》について説明《せつめい》していきます。間違《まちが》った体《からだ》の使《つか》い方《かた》、強引《ごういん》な打《う》ち方《かた》をするとミスが出《で》てしまいます。ラケットでボールを打《う》つ前《まえ》の準備《じゅんび》をしっかり行《おこな》いましょう。

ゴールデンエイジとは

動《うご》きの巧《たく》みさを身《み》につけるのにもっとも適《てき》した年代《ねんだい》のことを言《い》い、主《おも》に9～12歳《さい》ごろ（小学校《しょうがっこう》3～6年生《ねんせい》）を指《さ》します。この時期《じき》は成長期《せいちょうき》に入《はい》り、運動能力《うんどうのうりょく》が大《おお》きく伸《の》びるので、積極的《せっきょくてき》かつ効果的《こうかてき》なトレーニングをすることで大《おお》きな成果《せいか》が期待《きたい》できます。さまざまな運動動作《うんどうどうさ》を取《と》り入《い》れていきましょう。ただし、筋肉《きんにく》や骨格《こっかく》は成長段階《せいちょうだんかい》なので、ウエイトトレーニングには不向《ふむ》きです。

ゴールデンエイジの前後《ぜんご》には「プレゴールデンエイジ」、「ポストゴールデンエイジ」と呼《よ》ばれる時期《じき》もあります。3つある各々《おのおの》の時期《じき》に適《てき》したトレーニング・運動《うんどう》を取《と》り入《い》れていきましょう。

プレゴールデンエイジ（3～8歳《さい》ごろ）

運動《うんどう》におけるさまざまな経験《けいけん》を経《へ》て、基本的《きほんてき》な運動動作《うんどうどうさ》を身《み》につける時期《じき》。たとえ自分自身《じぶんじしん》が思《おも》うように動作《どうさ》ができなくても、この時期《じき》に多種多様《たしゅたよう》な運《うん》動《どう》や遊《あそ》びをすることが、その後《ご》の成《せい》長《ちょう》や成果《せいか》においてとても重要《じゅうよう》な役割《やくわり》を果《は》たす。鬼《おに》ごっこ、縄《なわ》とび、平均台《へいきんだい》などの遊《あそ》びが適《てき》している。

ゴールデンエイジ（9～12歳《さい》ごろ）

プレゴールデンエイジの間《あいだ》に基本的《きほんてき》な動作《どうさ》を身《み》につけておくことで、自分《じぶん》が思《おも》ったような動《うご》きを体現《たいげん》できるようになる時期《じき》。今《いま》までできなかったことが突然《とつぜん》できるようになるなど、スポーツの技術《ぎじゅつ》・センスなど大《おお》きな成長《せいちょう》が見《み》込《こ》める。ただし体《からだ》の強《つよ》さを求《もと》めるにはまだ早《はや》く、動《うご》きの巧《たく》みさなどを中心《ちゅうしん》にトレーニングする。

ポストゴールデンエイジ（13～14歳《さい》ごろ）

この時期《じき》を迎《むか》えるころには子《こ》どもの運動神経系統《うんどうしんけいけいとう》はほぼ9割《わり》が完成《かんせい》していると言《い》われている。急激《きゅうげき》な成長《せいちょう》は見込《みこ》めなくなるが、技術《ぎじゅつ》の取得《しゅとく》（戦術的《せんじゅつてき》な話《はなし》をするなど）と基本練習《きほんれんしゅう》の反復《はんぷく》（新《あたら》しいメニューではなく、今《いま》までのメニューを復習《ふくしゅう》するなど）の両方《りょうほう》に取《と》り組《く》むことで、正確《せいかく》に、かつより速《はや》く運《うん》動《どう》をこなせるような高《たか》い技術力《ぎじゅつりょく》を身《み》につけていくことができる。

体《からだ》のトレーニングと脳《のう》のトレーニング

ゴールデンエイジのころは、体《からだ》だけではなく脳《のう》もトレーニングすると一気《いっき》に伸《の》びる時期《じき》です。バランスよく鍛《きた》えましょう。

からだ編《へん》
（29ページ～）

軸《じく》になるのは「とぶ」「はねる」「すべる」動作《どうさ》。全身《ぜんしん》をまんべんなく使《つか》いながら、基本的《きほんてき》な運動動作《うんどうどうさ》を身《み》につけましょう。

脳《のう》トレ編《へん》
（40ページ～）

ソフトテニスは考《かんが》えるスポーツです。そして、頭《あたま》で考《かんが》えたことを実際《じっさい》に体《からだ》を動《うご》かして体現《たいげん》できる力《ちから》も必要《ひつよう》になります。そこで、単純《たんじゅん》な動作《どうさ》と複雑《ふくざつ》な指示《しじ》を組《く》み合《あ》わせたゲーム（遊《あそ》び）を取《と》り入《い》れるといいでしょう。本書《ほんしょ》で紹介《しょうかい》する「八百屋《やおや》さん」「言《い》うこと一緒《いっしょ》、やること一緒《いっしょ》」以外《いがい》にも、お手玉《てだま》や伝言《でんごん》ゲーム、早口言葉《はやくちことば》などがあります。

問題《もんだい》08

初級《しょきゅう》

ラダートレーニングをするとき、どこを見《み》る？

からだ編《へん》スタート!!
「ラダー」は縄《なわ》でつくった、はしごのような形《かたち》をしているトレーニング用具《ようぐ》のことだよ

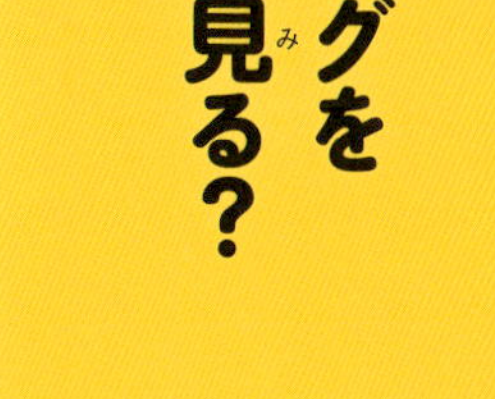

1 足元《あしもと》

2 正面《しょうめん》やや下《した》のほう

3 正面《しょうめん》やや上《うえ》のほう

ヒント
hint

ボールを打《う》つ練習《れんしゅう》をする前《まえ》に、体《からだ》がよく動《うご》くように準備運動《じゅんびうんどう》をします。そのときラダーを使《つか》って、足《あし》を細《こま》かく動《うご》かします。素早《すばや》く足《あし》を動《うご》かすためには、どういう姿勢《しせい》がよいでしょう。

答《こた》えがわかったらページをめくってね

08の答《こた》え

3

正面《しょうめん》やや上《うえ》のほう

なんで

背《せ》すじを伸《の》ばして素早《すばや》くステップ

素早《すばや》く足《あし》を動《うご》かすために、背《せ》すじを伸《の》ばして行《おこな》いましょう。目線《めせん》は上《うえ》のほう、顔《かお》をまっすぐ正面《しょうめん》に向《む》けてステップしていきます。種目《しゅもく》によっては腰《こし》をしっかりひねる必要《ひつよう》があります。また、足《あし》をあげるときには「高《たか》く、リズムよく」あげていくと足《あし》を細《こま》かく動《うご》かせるようになっていくでしょう。

体《からだ》をひねるのか？
ひねらないのか？
どっちかな？

問題《もんだい》 09
初級《しょきゅう》

遠《とお》くにボールを投《な》げるには？

1 正面《しょうめん》を向《む》いて投《な》げる

2 押《お》し出《だ》すように投《な》げる

3 腰《こし》を使《つか》って投《な》げる

ヒント
hint

ボールを投《な》げる動《うご》きは、ラケットを持《も》ったときの動《うご》きと似《に》ています。野球選手《やきゅうせんしゅ》がボールを投《な》げている姿《すがた》を思《おも》い出《だ》してみましょう。

答《こた》えがわかったらページをめくってね

09の答《こた》え ▼ 3 腰《こし》を使《つか》って投《な》げる

なんで

腰《こし》をひねることで回転《かいてん》の力《ちから》を使《つか》える

野球《やきゅう》の投球《とうきゅう》フォームとソフトテニスのサービスやストローク、スマッシュの打《う》ち方《かた》など、体《からだ》の使《つか》い方《かた》が共通《きょうつう》しています。そのため、ボールを投《な》げるときや打《う》つときは、野球《やきゅう》の投球《とうきゅう》フォームのように体《からだ》を使《つか》うことで、より遠《とお》くに飛《と》ばすことができます。

具体的《ぐたいてき》には、横《よこ》を向《む》いた状態《じょうたい》（半身《はんみ》）から投《な》げたい方向《ほうこう》に体《からだ》の向《む》きを変《か》えることで、腰《こし》の回転《かいてん》を生《う》み出《だ》します。腰《こし》の回転《かいてん》を使《つか》いながら、利《き》き腕《うで》を後《うし》ろから前《まえ》へ持《も》ってきてボールを投《な》げていきます。

NG! 正面《しょうめん》を向《む》いて投《な》げる

体《からだ》が正面《しょうめん》を向《む》いたままだと腰《こし》の回転《かいてん》を生《う》み出《だ》せず、ボールに力《ちから》を伝《つた》えることができない

NG! 押《お》し出《だ》すように投《な》げる

腰《こし》の回転《かいてん》とともに、腕《うで》を後《うし》ろから前《まえ》へ振《ふ》ることでボールを遠《とお》くに投《な》げることができる。ボールを押《お》し出《だ》すだけでは遠《とお》くには飛《と》ばせない

トライ! 打球《だきゅう》を素手《すで》でキャッチして投《な》げ返《かえ》す

少《すこ》し離《はな》れた場所《ばしょ》から投《な》げられたボールをワンバウンドでとり、投《な》げて返《かえ》す練習《れんしゅう》をしていきましょう。「走《はし》って打《う》つ」練習《れんしゅう》につながり、ラケットでボールを打《う》つときのボールと体《からだ》との距離《きょり》の取《と》り方《かた》が身《み》についていきます。

POINT

生卵《なまたまご》をつかむイメージで

ボールをキャッチするときは、ギュッと握《にぎ》ってしまうとうまくとれません。生卵《なまたまご》をこわれないようにつかむイメージでキャッチするとよいでしょう。

ヒザを曲《ま》げてプレー

転《ころ》がってくるボールをとるときも、ワンバウンドしたボールをとるときも、大切《たいせつ》なのは「ヒザを曲《ま》げて、やさしくボールをつかむ」こと。動《うご》いているボールをつかむときもヒザを柔《やわ》らかくしてつかんだほうがボールを逃《のが》さずにしっかりキャッチできます。

もしもヒザが伸《の》びていると、ボールの動《うご》きに合《あ》わせにくくなります。しっかりキャッチできずにボールが逃《に》げてしまいやすいのです。

ボールをしっかりキャッチできれば、その後《ご》に素早《すばや》くボールを投《な》げることができます。

これはラケットで打《う》つ場合《ばあい》も同《おな》じです。ボールのもとへ素早《すばや》く移動《いどう》し、ヒザを柔《やわ》らかく曲《ま》げ、リラックスした状態《じょうたい》でスイングしていくとミスなくボールコントロールしていくことができます。

打《う》つときも
とるときも
ヒザを柔《やわ》らかく
曲《ま》げる

問題《もんだい》 10 中級《ちゅうきゅう》

ワンバウンドしたボールを、どうやってキャッチする？

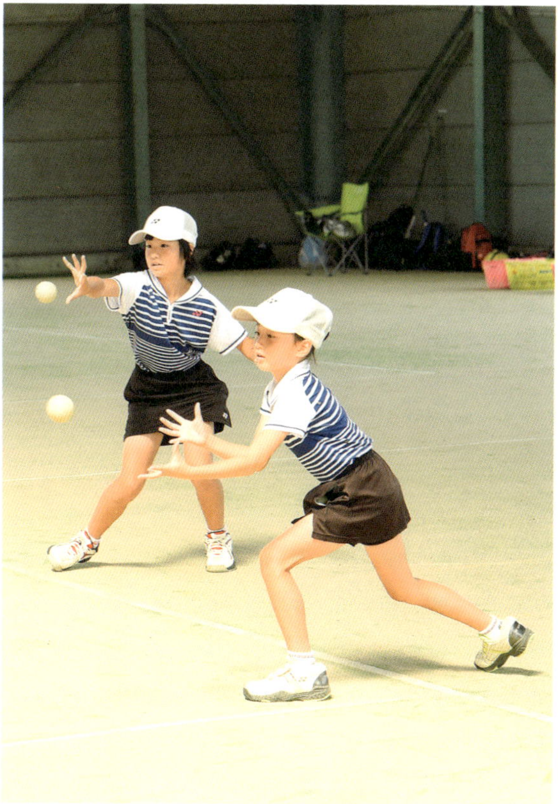

1. 正面《しょうめん》からしっかり抱《かか》えこむ
2. 腕《うで》を伸《の》ばして体《からだ》の前《まえ》でとる
3. ヒザを曲《ま》げて体《からだ》の横《よこ》でとる

「キャッチして終《お》わり」
ではないよ！
その先《さき》のことも考《かんが》えてみよう

ヒント
hint
体《からだ》が安定《あんてい》した状態《じょうたい》でとれれば、飛《と》んでくるボールを落《お》とすことはないはずです。

答《こた》えがわかったらページをめくってね

10の答《こた》え

3

ヒザを曲《ま》げて体《からだ》の横《よこ》でとる

なんで

キャッチしたあとスムーズにボールを投《な》げることができる

ワンバウンドでボールをキャッチすることは、ソフトテニスで相手《あいて》が打《う》ってきたボールをワンバウンドで打《う》つときと同《おな》じ形《かたち》になります。正面《しょうめん》を向《む》いてボールをギュッと抱《かか》えこむようにとってしまうと、次《つぎ》に投《な》げることができません。また、体《からだ》が前《まえ》につんのめった形《かたち》でボールをとろうとしてもボールをとり損《そこ》なってしまいます。

ヒザを曲《ま》げて体《からだ》の横《よこ》でボールをキャッチすることで、スムーズにボールを投《な》げる体勢《たいせい》に入《はい》れます。ソフトテニスのストロークで説明《せつめい》すると、ボールのそばに素早《すばや》く移動《いどう》して、体《からだ》の横《よこ》でボールをとらえられればラケットをスムーズにスイングできるということです。

問題《もんだい》
11
中級《ちゅうきゅう》

転《ころ》がってくるボールのとり方《かた》は？

1 体《からだ》の正面《しょうめん》でとる

2 体《からだ》を横《よこ》にしてとる

ヒント
hint

この練習《れんしゅう》では転《ころ》がってくるボールをとるだけではなく、とったらすぐに投《な》げて返《かえ》さなければいけません。すぐに投《な》げる体勢《たいせい》に入《はい》りやすくするためにはどうしたらよいでしょう。

答《こた》えがわかったらページをめくってね

11の答《こた》え ▶ 2 体《からだ》を横《よこ》にしてとる

なんで

体《からだ》を横《よこ》にしてとれば半身《はんみ》の状態《じょうたい》になる

36ページでもお話《はな》ししたように、ボールを投《な》げるときは、体《からだ》を横《よこ》にした半身《はんみ》の状態《じょうたい》になるとうまくボールを投《な》げられます。ボールを体《からだ》の横《よこ》でとれば、すぐに半身《はんみ》になりやすいでしょう。右利《みぎき》きの選《せん》手《しゅ》ならば、左足《ひだりあし》を前《まえ》にして左手《ひだりて》でとるとスムーズにボールをキャッチして、すぐに投《な》げられます。

POINT

ボールの軌道《きどう》がずれても対応《たいおう》できる

体《からだ》を正面《しょうめん》に向《む》けてとろうとするとミスをしがち。体《からだ》の横《よこ》でとるように心《こころ》がけると、ボールの転《ころ》がってくる軌道《きどう》が少《すこ》しずれても腕《うで》をボールの通《とお》る位置《いち》に動《うご》かしやすいはずです。

トライ! 脳《のう》トレ①言《い》うこと一緒《いっしょ》、やること一緒《いっしょ》

指示者《しじしゃ》の言《い》うことにしたがって、手《て》をつないだ数人《すうにん》が、前《まえ》や後《うし》ろにジャンプするなど同《おな》じ動《うご》きを行《おこな》うゲームを紹介《しょうかい》しましょう。このゲームでは、言《い》われたことに対《たい》して脳《のう》が素早《すばや》く判断《はんだん》し、体《からだ》の各部分《かくぶぶん》に命令《めいれい》をして動《うご》いていきます。たとえば、ソフトテニスをプレーしているときに「逆《ぎゃく》サイドにロビングを打《う》たれた」場合《ばあい》、脳《のう》で素早《すばや》く判断《はんだん》して、逆《ぎゃく》サイドに走《はし》ってボールを打《う》つ指《し》令《れい》を体《からだ》の各部分《かくぶぶん》（足《あし》や腕《うで》…）に伝《つた》え、反応《はんのう》していかなければなりません。このゲームを行《おこな》うことで、瞬時《しゅんじ》に体《からだ》を動《うご》かす反応力《はんのうりょく》が高《たか》められるはずです。

ねらい 集中力《しゅうちゅうりょく》、反応力《はんのうりょく》を高《たか》める

やりかた

1 指示者《しじしゃ》が前《まえ》に立《た》ち、子《こ》どもは数《すう》人《にん》ずつ手《て》をつなぎ、一列《いちれつ》に立《た》つ。

2 指示者《しじしゃ》が指示《しじ》を出《だ》し、子《こ》どもたちは復唱《ふくしょう》しながら動《うご》く。

3 一列《いちれつ》みんなが同《おな》じように動《うご》けないグループはそこでおしまい。どのグループが最後《さいご》まで残《のこ》れるか競《きそ》う。

POINT

レベルに合《あ》わせて指示《しじ》を複雑《ふくざつ》にしていく

指示者《しじしゃ》はレベルに合《あ》わせて指示《しじ》を出《だ》すことが大事《だいじ》。

▲組《く》み方《かた》も女子《じょし》だけ、男子《だんし》だけ、下級生《かきゅうせい》と上級生《じょうきゅうせい》……など
さまざまなバリエーションがある

やりかた

1 指示者《しじしゃ》「言《い》うこと一緒《いっしょ》、やること一緒《いっしょ》、前《まえ》」
＊子《こ》どもたちは「前《まえ》」と言《い》いながら、一緒《いっしょ》に前《まえ》に飛《と》ぶ
2 指示者《しじしゃ》「言《い》うこと一緒《いっしょ》、やること逆《ぎゃく》、前《まえ》」
＊子《こ》どもたちは「前《まえ》」と言《い》いながら、一緒《いっしょ》に後《うし》ろに飛《と》ぶ
3 言《い》うこと逆《ぎゃく》、やること一緒《いっしょ》
4 言《い》うこと逆《ぎゃく》、やること逆《ぎゃく》

- リズムよく指示《しじ》を出《だ》すと、子《こ》どもたちもリズミカルに動《うご》ける。
- 「前《まえ》」以外《いがい》に「後《うし》ろ」「右《みぎ》」「左《ひだり》」もある。
- 楽《たの》しいゲームでありながら、ジャンプもしているので運動量《うんどうりょう》もある。

トライ!

脳《のう》トレ②『八百屋《やおや》さん』

ボールを打《う》つ練習《れんしゅう》や体力《たいりょく》トレーニングも大切《たいせつ》ですが、脳《のう》からの指令《しれい》を正《ただ》しく、素早《すばや》く体《からだ》に伝《つた》える力《ちから》や、ボールに集中《しゅうちゅう》する力《ちから》、状況《じょうきょう》を判断《はんだん》する力《ちから》……などが必要《ひつよう》になります。

そこで、遊《あそ》びの中《なか》で脳《のう》を刺激《しげき》するトレーニングをもう一《ひと》つ紹介《しょうかい》していきたいと思《おも》います。いつでもどこでもすぐにできる遊《あそ》びですので、ぜひ、みなさんもトライしてみてください！

ねらい 集中力《しゅうちゅうりょく》を高《たか》める、あきらめない気《き》持《も》ちを養《やしな》う

やりかた

全員《ぜんいん》「八百屋《やおや》のお店《みせ》に並《なら》んだ品物《しなもの》を見《み》てごらん。よく見《み》てごらん。考《かんが》えてごらん」

1番目《ばんめ》の人《ひと》「トマト」

全員《ぜんいん》「八百屋《やおや》のお店《みせ》に並《なら》んだ品物《しなもの》を見《み》てごらん。よく見《み》てごらん。考《かんが》えてごらん」

2番目《ばんめ》の人《ひと》「トマト、キュウリ」

全員《ぜんいん》「八百屋《やおや》のお店《みせ》に並《なら》んだ品物《しなもの》を見《み》てごらん。よく見《み》てごらん。考《かんが》えてごらん」

3番目《ばんめ》の人《ひと》「トマト、キュウリ、ニンジン」

このように、次《つぎ》の人《ひと》につなげていく。

POINT

記憶《きおく》の仕方《しかた》を工夫《くふう》して、めざせ30コ！

同《おな》じ品物《しなもの》がかぶらないように、次々《つぎつぎ》と名前《なまえ》を言《い》っていくこのゲーム。記憶《きおく》の仕方《しかた》はそれぞれ違《ちが》います。自分《じぶん》なりの方法《ほうほう》を見《み》つけましょう。

30コくらいは
できるはず
がんばろう！

ウォーミングアップとクールダウン

主運動《しゅうんどう》がメインとなるとついウォーミングアップ（体《からだ》を温《あたた》める）や、クールダウン（体《からだ》を冷《さ》ます）がおろそかになりがちです。運動前後《うんどうぜんご》こそパフォーマンスアップの秘訣《ひけつ》が詰《つ》まっています。

まずは運動前後《うんどうぜんご》に体《からだ》を目覚《めざ》めさせる、そしていたわる習慣《しゅうかん》をつけてみましょう。

ウォーミングアップ

目的《もくてき》

筋肉《きんにく》の温度《おんど》を上《あ》げる

全身《ぜんしん》の血行《けっこう》をよくしたり、エネルギーをつくり出《だ》すために必要《ひつよう》な酸素《さんそ》を十分《じゅうぶん》に取《と》りこんだりすること。体《からだ》の隅々《すみずみ》まで血液《けつえき》を循環《じゅんかん》させることにより、筋肉《きんにく》のこわばりをほぐし、運動《うんどう》に適《てき》したやわらかさにする。十分《じゅうぶん》に関節《かんせつ》まわりや筋肉《きんにく》を温《あたた》めておくと、運動《うんどう》による衝撃《しょうげき》を受《う》け止《と》める準備《じゅんび》ができ、ケガや故障《こしょう》の予防《よぼう》につながる。

神経系《しんけいけい》の回路伝達《かいろでんたつ》をよくする

体《からだ》を動《うご》かす指示《しじ》はすべて脳《のう》が行《おこな》っている。脳《のう》からの指示《しじ》がスムーズに筋肉《きんにく》や関節《かんせつ》にいかなければ動《うご》きが鈍《にぶ》くなってしまうが、ウォーミングアップをすることで神経系《しんけいけい》の回路伝達《かいろでんたつ》が向上《こうじょう》する。

方法《ほうほう》

最初《さいしょ》はゆっくり歩《ある》くところから始《はじ》め、スローペースから入《はい》り徐々《じょじょ》にランニングに移行《いこう》することで心拍数《しんぱくすう》を上昇《じょうしょう》させる。体《からだ》を温《あたた》めるとともに、筋温《きんおん》も上昇《じょうしょう》させ、筋肉《きんにく》への血流《けつりゅう》を促《うなが》す。軽《かる》く汗《あせ》ばむくらいまで行《おこな》うのがよい。

練習後《れんしゅうご》の
クールダウンも大事《だいじ》だよ！
次《つぎ》のページで用語解説《ようごかいせつ》をするので
気《き》になる言葉《ことば》をチェックしよう

クールダウン

目的《もくてき》

温《あたた》まった体《からだ》を冷却《れいきゃく》して運動後《うんどうご》に適《てき》した状態《じょうたい》にする

運動終了後《うんどうしゅうりょうご》、体《からだ》の中《なか》にたまった疲労物質《ひろうぶっしつ》を排出《はいしゅつ》する効果《こうか》があり、硬《かた》くなった筋肉《きんにく》をゆるめ、柔軟性《じゅうなんせい》を向上《こうじょう》させる。

疲労《ひろう》の軽減《けいげん》と故障《こしょう》の予防《よぼう》

運動《うんどう》で傷《きず》ついた筋組織《きんそしき》の修復《しゅうふく》も進《すす》めることができるため、障害予防《しょうがいよぼう》につながる。また、徐々《じょじょ》に強度《きょうど》を落《お》とすクールダウンを取《と》り入《い》れることで、無理《むり》なく全身《ぜんしん》への血流回復《けつりゅうかいふく》を促《うなが》し、体《からだ》への負担《ふたん》を軽減《けいげん》することができる。

方法《ほうほう》

ジョギング（ダウンジョグ）やウォーキングで徐々《じょじょ》に心拍数《しんぱくすう》を落《お》としていく。ストレッチは反動《はんどう》をつけずに、使《つか》った筋肉《きんにく》をゆっくり伸《の》ばす。

ジョギングは呼吸《こきゅう》を落《お》ち着《つ》けるためにも、若干遅《じゃっかんおそ》く感《かん》じる速《はや》さで構《かま》わない。呼吸《こきゅう》や拍動《はくどう》が落《お》ち着《つ》いてきたらウォーキングに切《き》り替《か》えてもよい。ストレッチは反動《はんどう》を使《つか》わないで、負荷《ふか》がかかって硬《かた》くなった体《からだ》の部位《ぶい》を、ゆっくりと時間《じかん》をかけてほぐしていく。各部位《かくぶい》30秒以上《びょういじょう》が目安《めやす》だが、自分《じぶん》が気持《きも》ちいいと思《おも》える時間《じかん》で調整《ちょうせい》してOK。

ウォーミングアップとクールダウン

▶主運動《しゅうんどう》

ウォーミングアップやクールダウン以外《いがい》の、主《しゅ》となるスポーツ動作《どうさ》のこと。ソフトテニスで言《い》えばラケットやボールを使《つか》ってプレーすることなどが当《あ》てはまる

▶血液《けつえき》の循環《じゅんかん》

心臓《しんぞう》から全身《ぜんしん》に血液《けつえき》がめぐる流《なが》れのこと

▶神経系《しんけいけい》の回路《かいろ》伝達《でんたつ》

筋肉《きんにく》が動《うご》く仕組《しく》みとして、脳《のう》からの信号《しんごう》を受《う》けて→筋肉《きんにく》が動《うご》くという流《なが》れがある。この、脳《のう》からの信号《しんごう》が筋肉《きんにく》に伝《つた》わるまでの道《みち》のようなものが「神経系《しんけいけい》の回路《かいろ》」、「伝達《でんたつ》」は伝《つた》えるという意味《いみ》

▶筋温《きんおん》

筋肉《きんにく》の温度《おんど》。筋肉《きんにく》は温《あたた》まっていたほうが動《うご》かしやすくなる

▶反動《はんどう》

反動《はんどう》を使《つか》わないというのは、ゆっくりじわっと伸《の》ばすような動《うご》き。反対《はんたい》に反動《はんどう》を使《つか》ったストレッチはウォーミングアップに向《む》いている

第《だい》3章《しょう》

ミスのない
ストロークをめざそう

ミスなく、ねらい通《どお》りに打《う》てるようにしよう

ラリーの中心《ちゅうしん》になる技術《ぎじゅつ》を覚《おぼ》えて使《つか》いこなせるように

利《き》き手側《てがわ》で打《う》つのがフォアハンドストローク（フォアストローク）、利《き》き手側《てがわ》とは逆側《ぎゃくがわ》で打《う》つのがバックハンドストローク（バックストローク）といいます。そして、ソフトテニスは同《おな》じラケット面《めん》でフォアもバックも打《う》ちます（中上級者《ちゅうじょうきゅうしゃ》の中《なか》には、場面《ばめん》に応《おう》じて両面《りょうめん》を使《つか》う選手《せんしゅ》もいます）。

しっかりと打《う》ち方《かた》をマスターし、ミスなく、ねらい通《どお》りに打《う》つために練習《れんしゅう》を積《つ》み重《かさ》ねましょう。

ストロークができれば試合《しあい》ができます。

初級《しょきゅう》

問題《もんだい》 12

初心者《しょしんしゃ》におすすめのテークバックは ラケットを上《うえ》から引《ひ》く? 下《した》から引《ひ》く?

エネルギーのロスが少《すく》なく、初心者《しょしんしゃ》向《む》きなのはどちらかな?

1
2

1 下《した》から

2 上《うえ》から

ヒント hint

ラケットを引《ひ》く動作《どうさ》のことを「テークバック」といいます。上《うえ》からと下《した》から、どちらのほうがスムーズでしょう。

答《こた》えがわかったらページをめくってね

12の答《こた》え

1

下《した》から

なんで

少《すく》ない力《ちから》でテークバックできる

下《した》から引《ひ》くテークバック（ペンデュラムテークバック）は、ラケットが下《した》から振《ふ》り子《こ》のように移動《いどう》します。筋力《きんりょく》や握力《あくりょく》が弱《よわ》い小《ちい》さな子《こ》どもに最適《さいてき》です。上《うえ》から引《ひ》くテークバック（サーキュラーテークバック）もありますが、こちらは上《うえ》に円《えん》を描《えが》くぶん遠心力《えんしんりょく》が大《おお》きくなり、筋力《きんりょく》がより必要《ひつよう》になります。

POINT

手《て》ではなく腰《こし》を意識《いしき》する

ヒザ、股関節《こかんせつ》を曲《ま》げてテークバックをしましょう。ずっと曲《ま》げておくのではなく、テークバックの瞬間《しゅんかん》に曲《ま》げるイメージです。また、右手《みぎて》にラケットを持《も》っている場合《ばあい》は「左手主導型《ひだりてしゅどうがた》」で行《おこな》いましょう。ラケットを持《も》っていないほうの手《て》と、腰《こし》の回転《かいてん》を使《つか》ってラケットを引《ひ》くイメージです。ラケットを持《も》っているほうの手《て》を引《ひ》くイメージだと、力《ちから》が入《はい》りすぎて不安定《ふあんてい》になりやすいので気《き》をつけてください。なお、テークバック後《ご》はインパクトまで時間《じかん》がありますが、インパクトからスイング後半《こうはん》に力《ちから》が入《はい》るようにできるだけ力《ちから》を抜《ぬ》いておきましょう。ラケットヘッドは立《た》てずに、ラケットヘッドで床《ゆか》に字《じ》を書《か》ける状態《じょうたい》にしておいてください。

問題《もんだい》 13
初級《しょきゅう》

ボールを打《う》つ前《まえ》の体勢《たいせい》について。足《あし》はどうする？

1 両足《りょうあし》を広《ひろ》げる

2 片足《かたあし》を少《すこ》し前《まえ》に出《だ》す

3 ヒザを伸《の》ばして立《た》つ

ヒント hint

飛《と》んできたボールのところへ移動《いどう》しなければなりません。どういう体勢《たいせい》でボールを待《ま》つとボールのところへ移動《いどう》しやすくなるのでしょう？

答《こた》えがわかったらページをめくってね

13の答《こた》え ▼ 2

片足《かたあし》を少《すこ》し前《まえ》に出《だ》す

なんで

素早《すばや》く動《うご》き出《だ》せる

一番《いちばん》バランスがとりやすいのが片足《かたあし》を少《すこ》し前《まえ》に出《だ》す体勢《たいせい》です。どちらかの足《あし》に重心《じゅうしん》をかけ、後《うし》ろ側《がわ》の足《あし》のカカトを少《すこ》しだけ上《あ》げておきます。上《あ》げるのはほんの少《すこ》し、新聞紙《しんぶんし》が1枚《まいはい》入るくらいです。そうすると素早《すばや》く動《うご》き出《だ》すことができるはずです。

PO!NT

正《ただ》しい待球姿勢《たいきゅうしせい》で

ボールを打《う》つ前《まえ》の姿勢《しせい》を「待球姿勢《たいきゅうしせい》」と言《い》います。初心者《しょしんしゃ》の正《ただ》しい待球姿勢《たいきゅうしせい》は、片足《かたあし》を少《すこ》し前《まえ》に出《だ》し、ヒザを少《すこ》し曲《ま》げ、ラケット面《めん》は下《した》に向《む》け、左手《ひだりて》をラケットのいちょうの部分《ぶぶん》にそえるようにしてかまえます。

なお、お尻《しり》をつき出《だ》したり、ラケットを下《した》にする、逆《ぎゃく》にラケットを立《た》てるといった姿勢《しせい》は動《うご》き出《だ》しづらいのでNGです。

▲後《うし》ろ足《あし》のカカトは少《すこ》し浮《う》かせるのがポイント

トライ! ジャンプしてヒザの角度《かくど》を決《き》める

待球姿勢《たいきゅうしせい》でのヒザの角度《かくど》は、軽《かる》くジャンプして自然《しぜん》に着地《ちゃくち》できたときの角度《かくど》がベストです。

やりかた

足《あし》を肩幅《かたはば》に開《ひら》く。ぴょんぴょんと何回《なんかい》かジャンプする。自然《しぜん》に着地《ちゃくち》したときのヒザの角度《かくど》を保《たも》ち、ラケットをかまえる。

これ知《し》ってる？　フォアハンドとバックハンド

ソフトテニスをはじめラケット競技《きょうぎ》では、体《からだ》のどちら側《がわ》でボールを打《う》つかによって呼《よ》び方《かた》が違《ちが》います。よく出《で》てくる表現《ひょうげん》なので覚《おぼ》えましょう。

フォアハンド
ラケットを持《も》っている側《がわ》

バックハンド
ラケットを持《も》っていない側《がわ》

問題《もんだい》 14

初級《しょきゅう》 中級 上級

フォアハンドでボールを打《う》つときに大事《だいじ》なことは?

1. 後《うし》ろに体重《たいじゅう》を残《のこ》す
2. 前足《まえあし》が立《た》つ（伸《の》ばす）
3. 重心《じゅうしん》は後《うし》ろから前《まえ》に移動《いどう》させる
4. 肩《かた》をひらく

＼ヒント／
hint

ボールを打《う》つときは、ヒザの曲《ま》げ伸《の》ばしやラケットの振《ふ》り以外《いがい》にも、大切《たいせつ》なことがあります。

 答《こた》えがわかったらページをめくってね

14の答《こた》え ▶ 3 重心《じゅうしん》は後《うし》ろから前《まえ》に移動《いどう》させる

▲インパクト

▲ラケットを振り抜く

なんで

右《みぎ》の股関節《こかんせつ》の曲《ま》げ（タメ）
重心移動《じゅうしんいどう》とラケットの動《うご》きが重要《じゅうよう》

後《うし》ろにあった重心《じゅうしん》を前《まえ》に移動《いどう》させていくと同時《どうじ》にラケットを下《した》から上《うえ》に振《ふ》り上《あ》げていくと、インパクトのときにしっかりとボールに力《ちから》を伝《つた》えることができます。また、股関節《こかんせつ》を曲《ま》げてタメをつくることでより力強《ちからづよ》くスイングできます。

OK!
ヒザを
曲《ま》げる

▲ヒザを曲《ま》げてラケットを引《ひ》く

▲前足《まえあし》を着地《ちゃくち》

股関節《こかんせつ》のタメを
意識《いしき》しよう

左肩《ひだりかた》のひらきが早《はや》すぎる

▲腰《こし》の回転《かいてん》が使《つか》えず、手打《てう》ちになる

後《うし》ろ足《あし》に体重《たいじゅう》が残《のこ》っている

▲ラケット面《めん》が上《うえ》に向《む》き、ボールに回転《かいてん》が伝《つた》えにくい

トライ! 一回転《いっかいてん》打《う》ち

体《からだ》のねじりや腰《こし》の回転《かいてん》をうまく使《つか》えない選手《せんしゅ》に対《たい》して効果《こうか》のある練習《れんしゅう》を紹介《しょうかい》します。

体《からだ》を一回転《いっかいてん》させることで、腰《こし》を回転《かいてん》させる感覚《かんかく》をつかむことができます。

やりかた

ボールを打《う》ったあとに体《からだ》を一回転《いっかいてん》させる。体《からだ》の軸《じく》や、足《あし》の親指《おやゆび》の付《つ》け根《ね》を意識《いしき》するときれいに回《まわ》ることができる。

◀ラケットを持《も》っていないほうの手《て》は体《からだ》に巻《ま》きつけると回転《かいてん》しやすい

問題《もんだい》 15

初級《しょきゅう》

バックハンドをうまく打《う》つときのコツは？

1 手《て》で打《う》つ

2 脇《わき》をあける

3 体《からだ》のねじりを利用《りよう》する

＼ヒント／
hint

バックハンドとフォアハンドは同《おな》じラケット面《めん》で打《う》ちます。ただし、バックハンドのほうがフォアハンドよりもインパクトのときに力《ちから》を伝《つた》えにくいです。そのため、体《からだ》をうまく動《うご》かすことで力《ちから》を生《う》み出《だ》してボールに伝《つた》えていきます。

答《こた》えがわかったらページをめくってね

15の答《こた》え ▶ 3 体《からだ》のねじりを利用《りよう》する

なんで

ねじりを元《もと》に戻《もど》す力《ちから》を使《つか》う

体《からだ》のねじりの力《ちから》を利用《りよう》する＝腰《こし》の力《ちから》を使《つか》うとも言《い》われます。ラケットを引《ひ》くときに上半身《じょうはんしん》をねじりますが、ラケットをスイングしながら（振《ふ》りながら）、そのねじりを元《もと》に戻《もど》していきます。別《べつ》の言《い》い方《かた》をすると、腰《こし》を中心《ちゅうしん》に上半身《じょうはんしん》と下半身《かはんしん》のねじりを元《もと》に戻《もど》すことで力《ちから》を生《う》み出《だ》し、その力《ちから》をインパクトのときにボールに伝《つた》えていくわけです。

打《う》ちたい方向《ほうこう》に面《めん》を向《む》けて打《う》つ

OK!

▲打《う》ちたい方向《ほうこう》にラケット面《めん》が向《む》いていると、面《めん》にボールがまっすぐ当《あ》たり、無駄《むだ》なく力《ちから》を伝《つた》えることができる

バックハンドも
股関節《こかんせつ》のタメが
重要《じゅうよう》だよ

PO!NT

バックハンドの正《ただ》しい打《う》ち方《かた》は…

1 ネットに対《たい》して体《からだ》を90度《ど》に向《む》け、ラケットを下《した》に引《ひ》く
2 ねじった上半身《じょうはんしん》を元《もと》に戻《もど》しながら、ラケットをスイング
3 曲《ま》げていた左《ひだり》股関節《こかんせつ》を伸《の》ばしつつ、体《からだ》に近《ちか》い打点《だてん》で腰《こし》をするどく回転《かいてん》させてボールを打《う》つ
4 ラケットは上《うえ》のほうへ振《ふ》り抜《ぬ》く

脇《わき》をあけて、手《て》だけで打《う》つ

▲インパクトで効果的《こうかてき》にボールに力《ちから》を伝《つた》えられない

体《からだ》から離《はな》れたところでインパクト

▲体《からだ》から離《はな》れたところでインパクトすると腰《こし》の回転力《かいてんりょく》を生《い》かせない

刀《かたな》を抜《ぬ》くイメージで ラケットを振《ふ》り抜《ぬ》く

フォアハンドでもバックハンドでも、下《した》から上《うえ》へラケットを振《ふ》り抜《ぬ》く打《う》ち方《かた》が一番《いちばん》ミスなく、遠《とお》くに飛《と》ばせます。バックハンドの動《うご》きは、まさに侍《さむらい》が刀《かたな》を抜《ぬ》く動作《どうさ》と同《おな》じ。自分《じぶん》が侍《さむらい》になったつもりでラケットを振《ふ》ってみましょう。きっとスイングしやすいはずです。

トライ！ 手《て》で打《う》つ練習《れんしゅう》(Step1 ～ Step3)

段階的《だんかいてき》に練習《れんしゅう》して、正《ただ》しい体《からだ》の使《つか》い方《かた》やスイングの仕方《しかた》を覚《おぼ》えていきましょう。初期《しょき》の練習《れんしゅう》なので、フォアハンドでのみ行《おこな》います。

■ Step1

やりかた

サービスラインに立《た》った練《れん》習者《しゅうしゃ》に対《たい》し、球出《たまだ》し者《しゃ》が上《あ》げボール。そのボールを練《れん》習者《しゅうしゃ》は手《て》で打《う》って相手《あいて》コートに入《い》れていく。

■ Step2

やりかた

球出《たまだ》し者《しゃ》の上《あ》げボールを、練習者《れんしゅうしゃ》はベースラインから手《て》で打《う》って相《あい》手《て》コートに入《い》れる。

■ Step3

やりかた

Step 2と同《おな》じ方法《ほうほう》で、今度《こんど》は練習者《れんしゅうしゃ》はラケットで打《う》つ。

POINT

手《て》のひらにまっすぐボールを当《あ》てて大《おお》きく打《う》つ感覚《かんかく》を持《も》とう

ラケットは、体《からだ》の一部《いちぶ》のように扱《あつか》うといいプレーができます。最初《さいしょ》は手《て》のひらでボールを打《う》つ練習《れんしゅう》をすることで、できるだけ大《おお》きく（深《ふか》く）打《う》つ意識《いしき》を覚《おぼ》えましょう。手《て》のひらにまっすぐボールを当《あ》てて、手《て》のひらでボールを運《はこ》ぶイメージです。

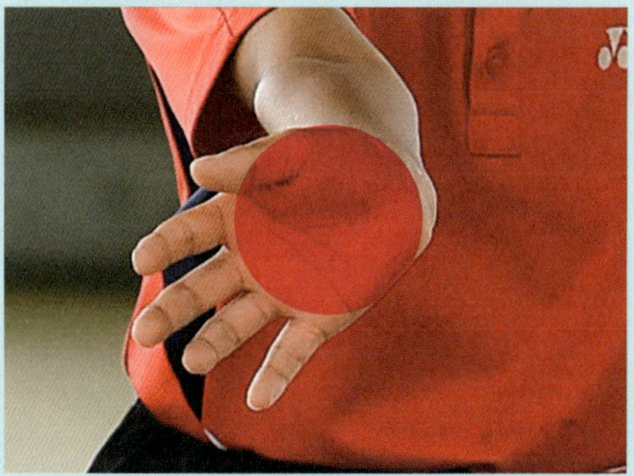

▲手《て》のひらとは、手首《てくび》から指《ゆび》の付《つ》け根《ね》までの範囲《はんい》

POINT

下半身《かはんしん》を使《つか》うことを忘《わす》れずに

ネットしないためには、山《やま》なりに飛《と》んでいくボールを打《う》つといいでしょう。下《した》から上《うえ》に腕《うで》（＝ラケット）を振《ふ》り抜《ぬ》くことが大《たい》切《せつ》です。なお下半身《かはんしん》は、ラケットが下《した》にあるときにはヒザを曲《ま》げ、ラケットの振《ふ》りと同時《どうじ》にヒザを伸《の》ばしていきます。こうすることで下半身《かはんしん》の力《ちから》もラケットを通《つう》じてボールに伝《つた》えることができるのです。手《て》で打《う》つ練習《れんしゅう》のときは、ボールは指先《ゆびさき》よりも手《て》のひらに当《あ》てるといいでしょう。

NG!

このような状態《じょうたい》だと、ボールを遠《とお》くに飛《と》ばすことができません。気《き》をつけて！

- ✕ ワキがあいている
- ✕ ヒザが曲《ま》がらない
- ✕ 腕《うで》が伸《の》びている
- ✕ ボールを指先《ゆびさき》に当《あ》てる

問題《もんだい》 16 中級《ちゅうきゅう》

移動《いどう》してボールを打《う》つとき、気《き》をつけることは？

1 ボールの近《ちか》くで打《う》つ

2 ボールと体《からだ》は一定《いってい》の距離《きょり》を保《たも》つ

3 ボールの落下地点《らっかちてん》に走《はし》る

\ヒント/
hint

ムリな打《う》ち方《かた》をするとミスをしてしまいます。ラケットをスムーズに振《ふ》ることが大切《たいせつ》です。

☞ 答《こた》えがわかったらページをめくってね

16の答《こた》え ▶ 2 ボールと体《からだ》は一定《いってい》の距離《きょり》を保《たも》つ

ボールとの距離《きょり》は
近《ちか》すぎず遠《とお》すぎずをキープ

▲右足着地《みぎあしちゃくち》

なんで

ボールを思《おも》い通《どお》りにコントロールするため

移動《いどう》してボールを打《う》たなくてはいけない場合《ばあい》、ボールに近《ちか》づきすぎたり、ボールから離《はな》れすぎたりすると、うまくボールをコントロールして打《う》てません。そのため、常《つね》に、ラケットをスムーズに振《ふ》れる一定《いってい》の距離《きょり》を保《たも》って移動《いどう》することが重《じゅう》要《よう》です。

ボールがバウンドしてくる位置《いち》まで、ボールよりも先《さき》に到着《とうちゃく》しておきましょう。

バランスを
くずさないように

▲右足踏《みぎあしふ》みきり

▶フットワーク

移動《いどう》してボールを打《う》つときに大切《たいせつ》な足《あし》の運《はこ》び方《かた》

POINT

回《まわ》りこみのフットワーク

右利《みぎき》きの選手《せんしゅ》の左側《ひだりがわ》にボールが飛《と》んできた場合《ばあい》、フォアハンドで打《う》ちたいならば、体《からだ》を回《まわ》りこませて打《う》っていきます。ポジションから最初《さいしょ》はサイドステップ（カニのように横《よこ》ステップ）をして、そこからボールの方向《ほうこう》に向《む》かって走《はし》り、上《うえ》の2枚目《まいめ》の写真《しゃしん》のように右足踏《みぎあしふ》みこみで体《からだ》をねじって回《まわ》りこみます。その後《ご》、5枚目《まいめ》のように右足《みぎあし》で着地《ちゃくち》することが大切《たいせつ》です。

短《みじか》いボールを返《かえ》すとき

短《みじか》いボールを打《う》たれたとき、斜《なな》め前《まえ》などに走《はし》ってボールを打《う》ちにいく場合《ばあい》があります。その場合《ばあい》、素早《すばや》くボールのところに移動《いどう》することはもちろんですが、利《き》き足《あし》である右足《みぎあし》に体重《たいじゅう》を乗《の》せて、踏《ふ》みこみ足《あし》である左《ひだり》足《あし》を前《まえ》に出《だ》します。そうすると、ラケットのスイングとともに体《からだ》がうまく回転《かいてん》します。

また、短《みじか》いボールを打《う》つ場合《ばあい》、ラケットヘッドを立《た》ててしまうとラケットを下《した》から上《うえ》にスイングできず、ネットを越《こ》えていかないので注意《ちゅうい》しましょう。

◀左足《ひだりあし》に体重《たいじゅう》が乗《の》ったままだと体《からだ》が回転《かいてん》できず、ラケットが振《ふ》れない（写《しゃ》真《しん》）。また、ラケットを前《まえ》や上《うえ》に伸《の》ばしたまま走《はし》ると、移動《いどう》スピードが遅《おそ》くなる

問題《もんだい》 17
中級《ちゅうきゅう》

深《ふか》いボールをうまく返球《へんきゅう》するには？

1
ボールと一緒《いっしょ》にさがる

2
お尻《しり》からさがる

3
ラケットを下《した》に向《む》けてさがる

ヒント
hint

深《ふか》い球《たま》を思《おも》いきり強《つよ》く打《う》って返《かえ》すことはできません。大《おお》きくゆったりしたボールで返《かえ》して、自分《じぶん》の体勢《たいせい》を整《ととの》える時間《じかん》をつくっていきます。

答《こた》えがわかったらページをめくってね

17の答《こた》え ▶ 3 ラケットを下《した》に向《む》けてさがる

▲右足《みぎあし》を軸《じく》にし、後《うし》ろ体《たい》重《じゅう》で下《した》から上《うえ》へスイング

▲ラケットを下《した》に向《む》けてさがる。ボールより先回《さきまわ》りして、待《ま》つくらいの速《はや》さでさがっておく

▲待球姿勢《たいきゅうしせい》

なんで

深《ふか》いボールを打《う》てるように準備《じゅんび》をしておく

相手《あいて》に深《ふか》いボールを打《う》たれるということは攻《せ》められているということ。守《まも》りながらも、これ以上《いじょう》の攻撃《こうげき》を受《う》けないようなボールを打《う》ち返《かえ》さなければなりません。そのため、苦《くる》しい状態《じょうたい》から深《ふか》く高《たか》い、相《あい》手《て》のところへ行《い》くまでに時間《じかん》がかかるボールで返《かえ》せればベストです。

そのような大《おお》きなボールで返《かえ》すためには、ラケットを下《した》から上《うえ》にスイングしていくことが重要《じゅうよう》です。そのためにも、深《ふか》い球《たま》が飛《と》んできたら、先《さき》にラケットをさげて、下《した》から上《うえ》へのスイングがしやすい体勢《たいせい》をつくらなければなりません。

問題《もんだい》18
中級《ちゅうきゅう》

短《みじか》いボールをミスなく返球《へんきゅう》するには？

1. テークバックを大《おお》きくする
2. 前足《まえあし》に体重《たいじゅう》をかけて打《う》つ
3. テークバックを小《ちい》さくする

\ヒント/
hint

短《みじか》いボールを打《う》つときに重要《じゅうよう》なことは、短《みじか》いボールは短《みじか》く返《かえ》すことです。強引《ごういん》な打《う》ち方《かた》をするとネットにかけてしまったり、大《おお》きくアウトをしてしまいます。

答《こた》えがわかったらページをめくってね

18の答《こた》え

3

テークバックを小《ちい》さくする

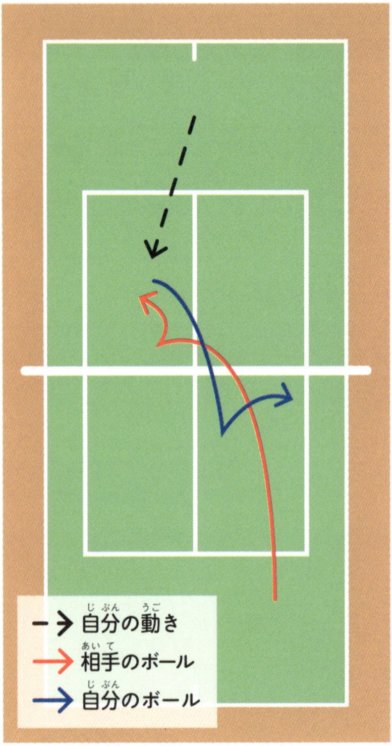

1ダッシュで前《まえ》へ詰《つ》める2右《みぎ》足《あし》で軸足《じくあし》をつくる3小《ちい》さなテークバック4ワキを締《し》めて、ヒジ→グリップ→ラケットヘッドの順《じゅん》にコンパクトにスイングする

なんで

ねらう場所《ばしょ》は、自分《じぶん》が打《う》たれた場所《ばしょ》と同《おな》じ場所《ばしょ》

68ページでは短《みじか》いボールを打《う》たれたときのフットワークについてお話《はな》ししました。ここでは、短《みじか》いボールの返球《へんきゅう》の仕《し》方《かた》をお話《はな》しします。ヒントにも書《か》きましたが、短《みじか》いボールは短《みじか》く返《かえ》すように心《こころ》がけましょう。

自分《じぶん》のコートに落《お》ちた場所《ばしょ》と、ネットをはさんで同《おな》じような長《なが》さの場所《ばしょ》に打《う》ち返《かえ》すことを意識《いしき》しましょう。

問題《もんだい》 19
中級《ちゅうきゅう》

ボールはどの高《たか》さで打《う》つといい？

1 肩《かた》の高《たか》さ

2 腰《こし》の高《たか》さ

3 ヒザの高《たか》さ

ヒント
hint

ミスを避《さ》けることも大切《たいせつ》ですが、いつも一定《いってい》の高《たか》さにボールが飛《と》んでくるとは限《かぎ》りません……。

答《こた》えがわかったらページをめくってね

なんで

ストロークや相手《あいて》の打球《だきゅう》によって打《う》つ高《たか》さが変《か》わる

試合《しあい》の中《なか》でもっとも多《おお》く使《つか》われるのは腰《こし》の高《たか》さで打《う》つ「サイドハンドストローク」ですが、必《かなら》ずしもそのストロークが使《つか》えるとは限《かぎ》りませんね。実際《じっさい》にはヒザの高《たか》さで打《う》つ「アンダーハンドストローク」や肩《かた》の高《たか》さで打《う》つ「トップ打《う》ち」を繰《く》り出《だ》すこともあります。

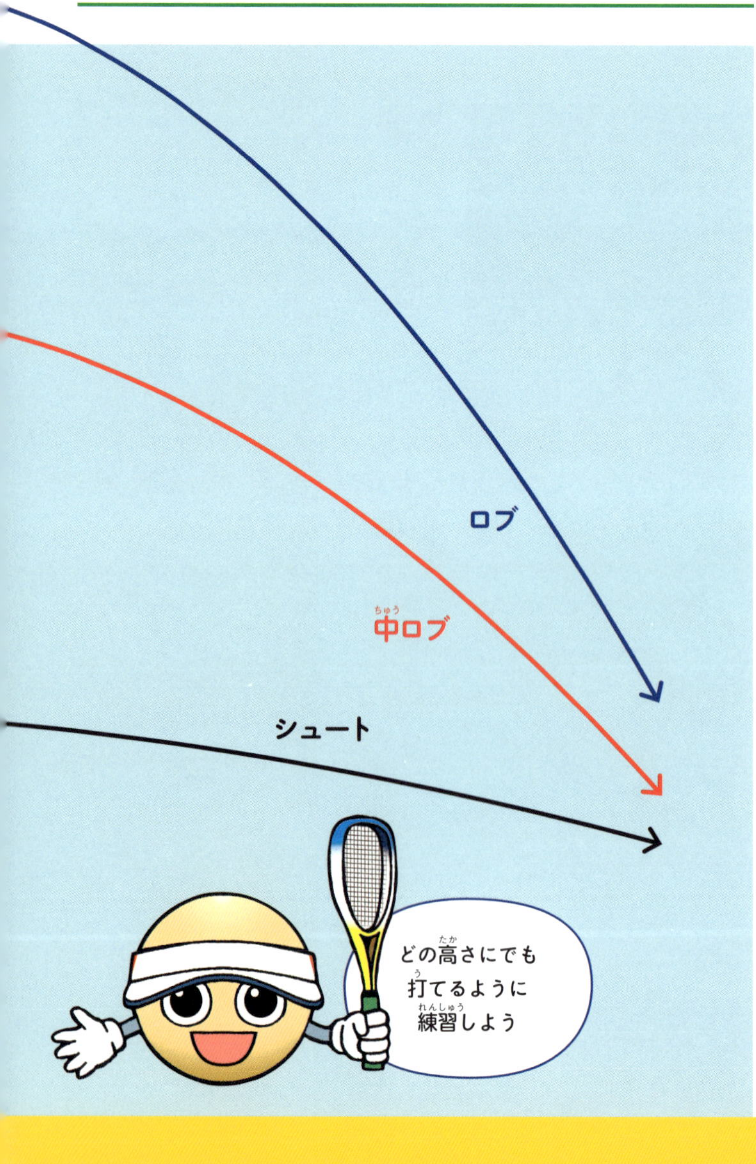

19の答《こた》え ▼ 全部正解《ぜんぶせいかい》！

POINT

多様《たよう》なショットはバウンド、打《う》ち方《かた》、インパクトの高《たか》さ、軌道《きどう》の組《く》み合《あ》わせで生《う》まれる！

ソフトテニスには多様《たよう》なショットがあります。それは「バウンド（ワンバウンドかノーバウンドか）」「打《う》ち方《かた》（フォアかバックか）」「インパクトの高《たか》さ（トップ、サイド、アンダーのどれか）」「軌《き》道《どう》（ロブ、中《ちゅう》ロブ、シュートのどれか）」などの要素《ようそ》が複雑《ふくざつ》に組《く》み合《あ》わさるからです。下《した》の表《ひょう》を見《み》ながら整理《せいり》しておきましょう。

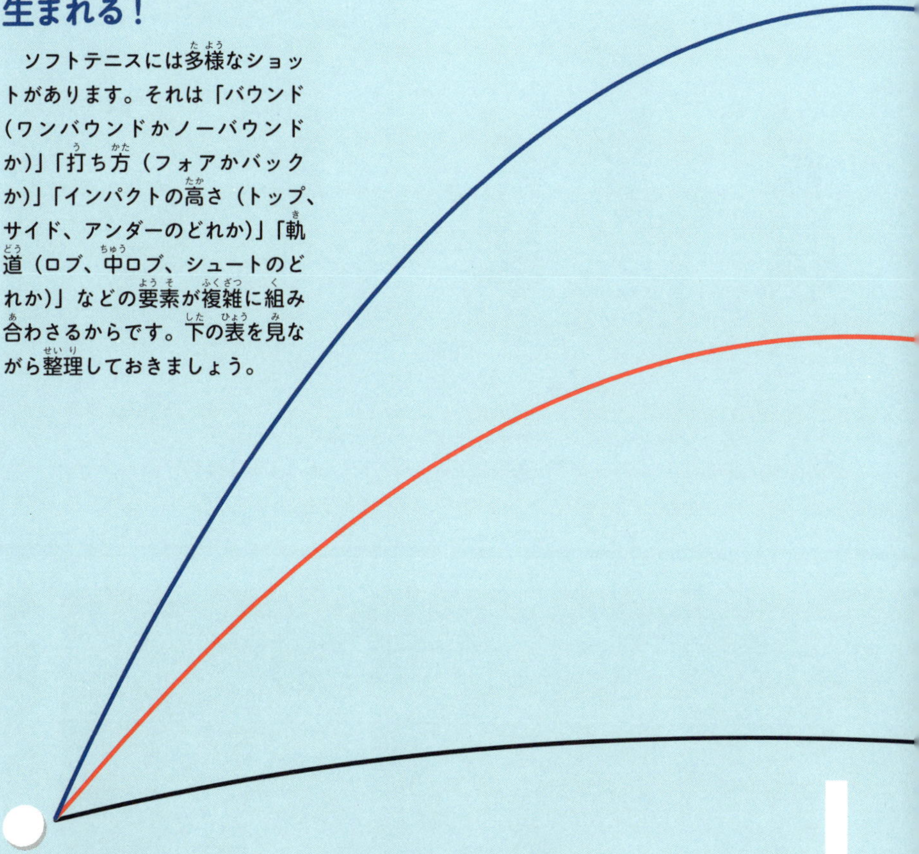

バウンド×打《う》ち方《かた》×インパクトの高《たか》さ×軌道《きどう》＝多様《たよう》なショット！

バウンド	打《う》ち方《かた》	インパクトの高《たか》さ	軌道《きどう》
ワンバウンド	フォア バック	トップ サイド アンダー	ロブ 中《ちゅう》ロブ シュート
ノーバウンド （ボレー）	フォア バック	—	—

ミスのない ストロークの打《う》ち方《かた》

それぞれのプレーの連続写真《れんぞくしゃしん》を見《み》ながら、
ミスのない打《う》ち方《かた》をマスターしていきましょう。

腰《こし》を回転《かいてん》させてインパクト

▲ラケットを振《ふ》り抜《ぬ》く①

▲ラケットを振《ふ》り抜《ぬ》く②

バックハンドストローク

▲ヒザを曲《ま》げて左足《ひだりあし》に重心《じゅうしん》を乗《の》せる

▲体《からだ》をねじる

▲腰《こし》を回転《かいてん》させる(腰《こし》を戻《もど》す)

フォアハンドストローク

▲ヒザを曲《ま》げて
右足《みぎあし》に体重《たいじゅう》を乗《の》せる

▲左足《ひだりあし》を踏《ふ》み出《だ》す

▲重心《じゅうしん》移動《いどう》

▲インパクト

▲ラケットを振《ふ》り抜《ぬ》く①

▲ラケットを振《ふ》り抜《ぬ》く②

ミスのないストロークの打《う》ち方《かた》

肩《かた》の高《たか》さで
インパクト

▲ラケットを振《ふ》り抜《ぬ》く

下《した》からすくい上《あ》げる
ようにスイング

▲インパクト

▲ラケットを振《ふ》り抜《ぬ》く

トップ打《う》ち

▲テークバック　▲重心《じゅうしん》移動《いどう》をしながら

アンダーハンドストローク

▲テークバック　▲タメをつくりながら重心《じゅうしん》移動《いどう》

ミスのないストロークの打《う》ち方《かた》

下《した》からすくい上《あ》げるイメージ
軸足《じくあし》で回転《かいてん》

▲振《ふ》り抜《ぬ》く

シュートボール（サイドハンドストローク）

▲テークバック

ロビング（ロブ）

▲テークバック

▲インパクト

▲振《ふ》り抜《ぬ》く

これ知《し》ってる？

足《あし》のすべらせ方《かた》

短《みじか》いボールをとるとき、素早《すばや》く走《はし》り、さらに足《あし》をすべらせてボールを拾《ひろ》うことになります。このとき、前《まえ》に出《だ》した足《あし》に体《からだ》の重《じゅう》心《しん》を乗《の》せてすべっていくようにするのがポイントです。重心《じゅうしん》が後《うし》ろ足《あし》に残《のこ》ってしまうとボールのコントロールがしにくく、ネットにボールがかかりやすくなります。

また、すべるときはコートに長《なが》い線《せん》ができるように意識《いしき》しましょう。長《なが》くすべることができる＝短《みじか》いボールのところに体《からだ》を移《い》動《どう》させやすくなるということ。

短《みじか》いボールでもあきらめずに、前足《まえあし》に重《じゅう》心《しん》を乗《の》せ、長《なが》くすべって相手《あいて》コートに返《かえ》していきましょう。

前足《まえあし》に重心《じゅうしん》を乗《の》せてすべる

問題《もんだい》
20
中級《ちゅうきゅう》

ネット際《ぎわ》のボールを、うまく返《かえ》すためには？(右利《みぎき》きの選手《せんしゅ》の場合《ばあい》)

1
左足《ひだりあし》を前《まえ》にしてとる

2
右足《みぎあし》を前《まえ》にしてとる

ヒント
hint

どちらの足《あし》を前《まえ》に出《だ》したほうが遠《とお》くのボールをさわれる？

答《こた》えがわかったらページをめくってね

20の答《こた》え▼2

右足《みぎあし》を前《まえ》にしてとる

なんで

少《すこ》しでも遠《とお》くのボールをとろう

ネット際《ぎわ》の短《みじか》いボールを返球《へんきゅう》する場面《ばめん》の体《からだ》の使《つか》い方《かた》の話《はなし》になります。

この場合《ばあい》、ラケットを持《も》つ側《がわ》の腕《うで》と逆側《ぎゃくがわ》の足《あし》が前《まえ》に出《で》ていると、ラケットを操作《そうさ》しにくいです。ですから右利《みぎき》きの選手《せんしゅ》ならば、右足《みぎあし》を前《まえ》に出《だ》して少《すこ》しでも遠《とお》くに腕《うで》を伸《の》ばし、ラケットを操作《そうさ》するとスムーズに腕《うで》を動《うご》かすことができます。より遠《とお》くのボールに届《とど》くでしょう。

第《だい》4章《しょう》

安定感《あんていかん》のある サービスを身《み》につけよう

うまい選手《せんしゅ》の
プレーを見《み》てみよう

ゲート
1コート

オーバーヘッドサービスの流《なが》れ

サービス&レシーブが安定《あんてい》しなければ試合《しあい》には勝《か》てない！

最初《さいしょ》の一打《いちだ》を確実《かくじつ》に！ミスなくサービスをできるようになろう

試合《しあい》では、常《つね》にサービスから始《はじ》まります。サービス&レシーブが、ミスなくしっかり打《う》てなければ、試合《しあい》にならないのです。

それだけに、安定《あんてい》したサービス&レシーブを身《み》につけることが重要《じゅうよう》。このサービス&レシーブが安定《あんてい》すれば、ライバルとの差《さ》をつけられるともいわれますから、試合《しあい》に出《で》て勝利《しょうり》するためにも、しっかりとサービス&レシーブの技術《ぎじゅつ》を磨《みが》いていくといいでしょう。

特《とく》に、サービスは唯一《ゆいいつ》ひとりでも練習《れんしゅう》できるショットです。正《ただ》しい打《う》ち方《かた》をマスターして、確率《かくりつ》をあげ、コースもねらえるよう、数多《かずおお》く打《う》っていくことをおすすめします。

問題《もんだい》

21

初級《しょきゅう》

「トス」はサービスの、どの場面《ばめん》を指《さ》す？

1
ボールをラケットで打《う》つ
2
ボールを投《な》げあげる
3
ラケットを振《ふ》り抜《ぬ》く

ヒント
hint

ほかのスポーツでも、「トスをする」「トスをあげる」という言葉《ことば》を聞《き》きますね。

答《こた》えがわかったらページをめくってね

21の答《こた》え
▼
2
ボールを投《な》げあげる

？なんで

ラケットを持《も》っていないほうの手《て》でボールを投《な》げる

「トス」とは、ラケットを持《も》っていないほうの手《て》でボールを投《な》げあげることです。トスをしたあとは、体全体《からだぜんたい》の力《ちから》をラケットを通《つう》じてボールに伝《つた》えられるようにします。重要《じゅうよう》なのがトスをあげる位置《いち》です。前後左右《ぜんごさゆう》にぶれることなくまっすぐトスをあげましょう。

なお、ラケットの握《にぎ》りは初心者《しょしんしゃ》であればウエスタングリップがおすすめです。何度《なんど》も握《にぎ》りかえなくても、ストロークやサービス、ボレーなど、すべてのショットに対応《たいおう》できます。ウエスタングリップで安定《あんてい》して打《う》てるようになったら、オーバーヘッドサービスやカットサービスはイースタングリップにするといいでしょう。さらに有効打《ゆうこうだ》が打《う》てるようになります。

トライ! トスアップ

ボールは目《め》の高《たか》さで放《はな》すようにしましょう。そうすると、体《からだ》がぶれない位置《いち》にまっすぐトスがあがります。こういったトスは打《う》ちやすく、サービスの正確性《せいかくせい》が増《ま》します。なお、ラケットのグリップは場面《ばめん》に応《おう》じて持《も》ちかえることもあります。

上達《じょうたつ》してくると
場面《ばめん》や状況《じょうきょう》に応《おう》じて
グリップの持《も》ち方《かた》を
かえるんだって

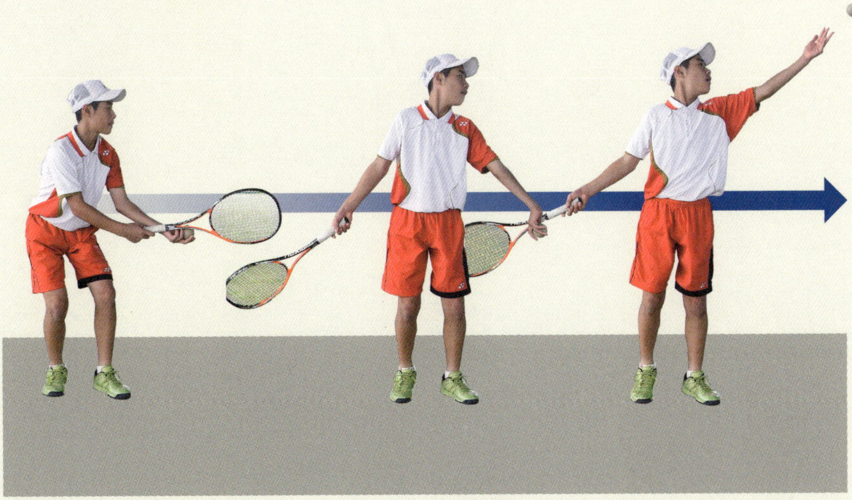

やりかた

ボールを持《も》った側《がわ》の腕《うで》を曲《ま》げずにまっすぐあげ、ボールは目《め》の高《たか》さで放《はな》す。

PO!NT

高《たか》くあがったボールをできるだけ高《たか》い位置《いち》で打《う》つ

きちんとトスできると、高《たか》くあがったボールはまっすぐに落《お》ちてきます。頭《あたま》の上《うえ》で打《う》つオーバーヘッドサービスでは、そのボールをできるだけ高《たか》い位《い》置《ち》で打《う》つことで、ミスなくサービスを入《い》れることができます。

問題《もんだい》

22

中級《ちゅうきゅう》

オーバーヘッドサービスを打《う》つときの正《ただ》しいポイントは？

1

サービスは上《うえ》に打《う》つイメージで

2

ボールを打《う》つときに前足《まえあし》が動《うご》く

いいサービスの条件《じょうけん》に当《あ》てはまっているのはどれかな？

3
ボールを打《う》つときに後《うし》ろ足重心《あしじゅうしん》

4
ボールが落《お》ちてきたところを打《う》つ

ヒント
hint

いいサービスをするためには①トスがまっすぐ　②体《からだ》がぶれない　③高《たか》い位置《いち》でインパクト　の3つが大切《たいせつ》です。

答《こた》えがわかったらページをめくってね

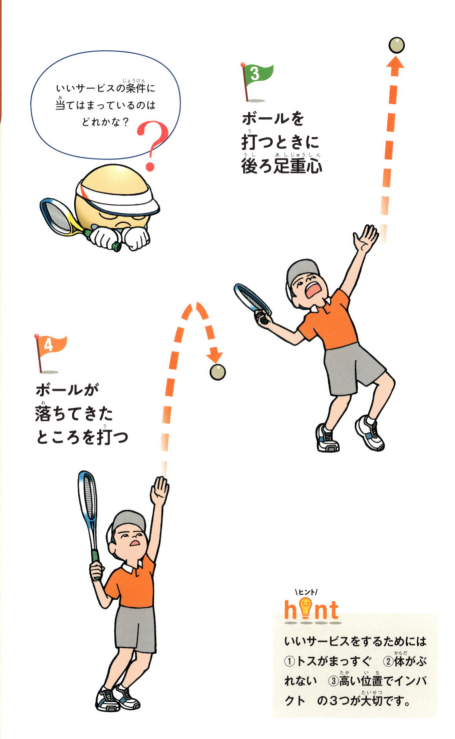

22の答《こた》え

1 サービスは上《うえ》に打《う》つイメージで

ジャンプして
インパクト！
カッコイイね！

なんで

サービスは上《うえ》に打《う》つ

サービスはネットを越《こ》さなくてはいけません。ボールを上《うえ》からたたきつけるのではなく、遠《とお》くに投《な》げるときのように上《うえ》に向《む》かって打《う》ちましょう。92ページ2のようにボールを打《う》つときに前足《まえあし》が動《うご》くと体《からだ》がぶれるのでねらったところに打《う》てません。3のように後《うし》ろ足重心《あしじゅうしん》になってしまうと、ボールが飛《と》びすぎます。4のように低《ひく》い位置《いち》でサービスを打《う》つとスイングが窮屈《きゅうくつ》になるのでコントロールがつきにくいです。

オーバーヘッドサービスの打《う》ち方《かた》

イースタングリップで打《う》つ場合《ばあい》、2つの打《う》ち方《かた》があります。

●体《からだ》をひねる

両肩《りょうかた》を前後《ぜんご》に入《い》れ替《か》え、体《からだ》のひねりを生《い》かした打《う》ち方《かた》です。サービスは放物線《ほうぶつせん》を描《えが》き、ドライブ回転《かいてん》がかかっているため、確率《かくりつ》のいいサービスになります。

●体《からだ》をひねらない

正面《しょうめん》を向《む》いた、体《からだ》のひねりのない打《う》ち方《かた》です。ボールをたたいて打《う》ちます。そのため、直線的《ちょくせんてき》でスピードのあるサービスになりますが、確率《かくりつ》はさがります。

▶体《からだ》をひねる

トライ! ゼロからオーバーヘッドサービスを練習《れんしゅう》

Step 1～4を段階的《だんかいてき》に練習《れんしゅう》していくことで、サービスの打《う》つ軌道《きどう》や体《からだ》の使《つか》い方《かた》がわかってきます。特《とく》に大事《だいじ》なことは、ボールを上《うえ》に突《つ》き出《だ》して打《う》つ感覚《かんかく》をつかむことです。

■ Step1

やりかた

ネット前《まえ》1.5メートルくらいのところで、打《う》ちたい方向《ほうこう》に前足《まえあし》を向《む》けて、頭《あたま》の上《うえ》で手《て》でボールを打《う》つ。

■ Step2

やりかた

少《すこ》しさがって、手《て》のひらを上《うえ》に向《む》けて上《うえ》に突《つ》き出《だ》して、手《て》でボールを打《う》つ。

■ Step3

やりかた

サービスラインまで下《さ》がって、Step 1、2同様《どうよう》に、頭《あたま》の上《うえ》で手《て》でボールを打《う》つ。

■ Step4

やりかた

ベースラインまでさがって、ラケットでサービスを打《う》つ。手《て》のひらで打《う》つ感覚《かんかく》を忘《わす》れずに。

問題《もんだい》23

中級《ちゅうきゅう》

よくないカットサービスはどれ？

▲図《ず》はカットサービスのボールの軌道《きどう》をサーバー目線《めせん》から見《み》たもの

1 高《たか》く跳《は》ねる

2 あまり跳《は》ねない

3 横《よこ》に変化《へんか》する

▶カットサービス
通常《つうじょう》とは違《ちが》うバウンドをするように回転《かいてん》をかけるサービスのこと

ヒント hint

いいカットサービスはレシーブを打《う》ちにくくさせるために、ボールに通常《つうじょう》とは違《ちが》う回転《かいてん》をかけてバウンドなどを変《か》えます。

23の答《こた》え

1 高《たか》く跳《は》ねる

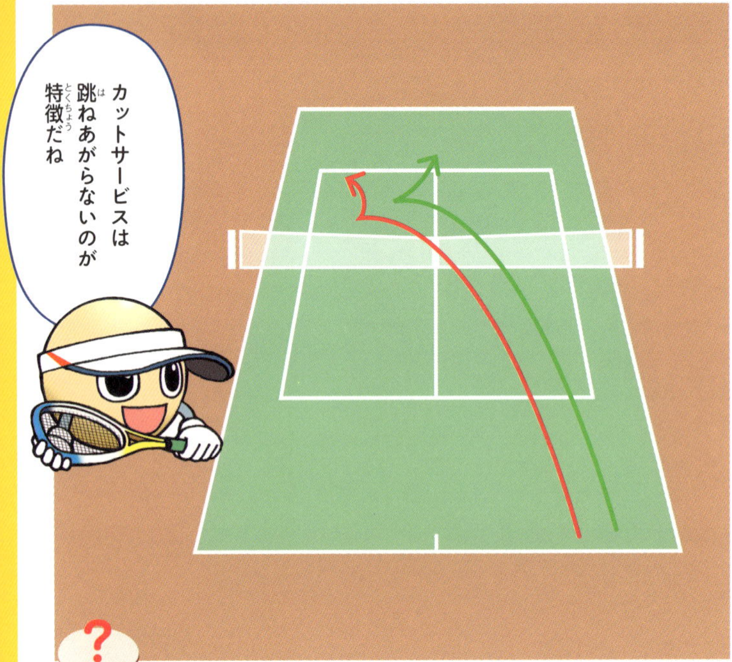

なんで

高《たか》いバウンドのボールは相手《あいて》にとってチャンスになる

高《たか》いバウンドだとレシーバーはとても打《う》ちやすいのです。攻撃的《こうげきてき》なレシーブを打《う》たれないためには、バウンド後《ご》にボールの軌道《きどう》が横《よこ》に変化《へんか》したり、低《ひく》いバウンドになることが重要《じゅうよう》です。

PO!NT

カットサービスが「横《よこ》に変化《へんか》」したり「低《ひく》いバウンド」だとどうして打《う》ちづらい？

カットサービスが予想《よそう》していた軌道《きどう》よりも横《よこ》にズレるとレシーブの体勢《たいせい》がくずれ、ミスにつながります。また、バウンドしないサービスを返球《へんきゅう》する場合《ばあい》、低《ひく》いバウンドの下《した》にラケット面《めん》を入《い》れて打《う》たなければいけないので、山《やま》なりのボールしか返《かえ》せません。山《やま》なりのボールが来《く》れば、サービス側《がわ》のチャンス。前衛《ぜんえい》がたたいたり後衛《こうえい》が強打《きょうだ》したりできます。

サービス側《がわ》にとって、変化《へんか》があるカットサービスを効率《こうりつ》よく入《い》れられるととても有利《ゆうり》になります。

問題《もんだい》

24

中級《ちゅうきゅう》

カットサービスの跳《は》ね方《かた》の特徴《とくちょう》は？

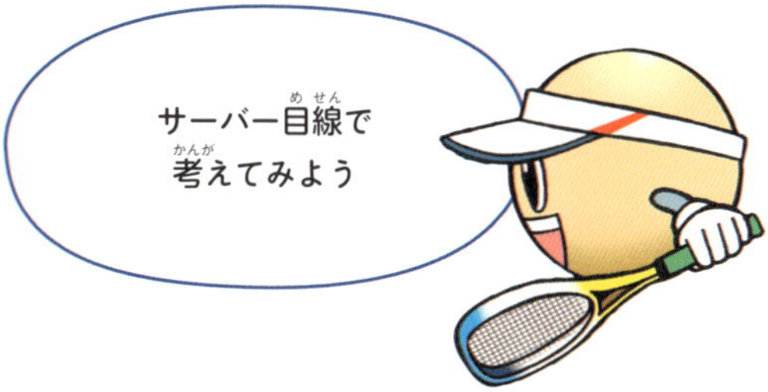

1. 右利《みぎき》きのサーバーが打《う》つと右《みぎ》に曲《ま》がる
2. 右利《みぎき》きのサーバーが打《う》つと左《ひだり》に曲《ま》がる
3. 利《き》き腕《うで》にかかわらずバウンド後《ご》は右《みぎ》に曲《ま》がる

ヒント
hint

レシーバーから見《み》て、サーバーのラケットを持《も》っている側《がわ》に曲《ま》がります。

答《こた》えがわかったらページをめくってね

24の答《こた》え

1

右利《みぎき》きのサーバーが打《う》つと右《みぎ》に曲《ま》がる（レシーバーから見《み》たら左《ひだり》に曲《ま》がる）

なんで

こすることで、ボールの回転《かいてん》が変化《へんか》する

カットサービスはボールの下側《したがわ》を斜《なな》めにしたラケット面《めん》でこすって打《う》ちます。右利《みぎき》きの場合《ばあい》、こすられることにより、ボールは時計回《とけいまわ》りに回《かい》転《てん》するため、バウンド後《ご》は右《みぎ》に曲《ま》がります。左利《ひだりき》きの場合《ばあい》は、この逆《ぎゃく》になりますから、バウンド後《ご》は左《ひだり》に曲《ま》がります。

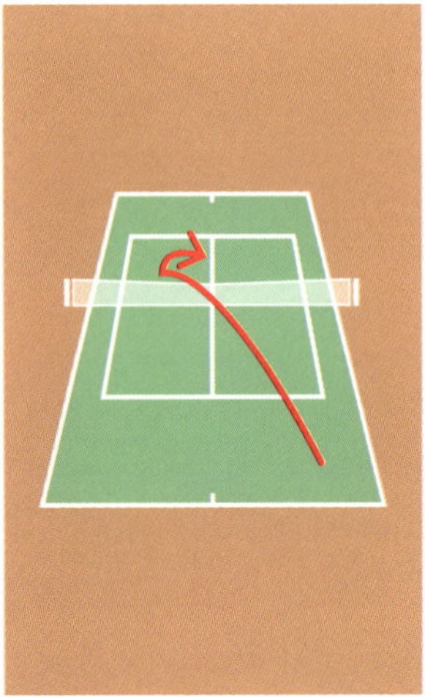

トライ! カットサービスの返球《へんきゅう》

ポイントは、「サーバーの選手《せんしゅ》がラケットを持《も》っている側《がわ》に曲《ま》がっていく」こと。ボールの変化《へんか》に対応《たいおう》して、しっかりレシーブできるようにしましょう。下《した》の打《う》ち方《かた》は、右利《みぎき》きのレシーバーを想定《そうてい》しています。左《ひだり》利《き》きの場合《ばあい》は反対《はんたい》の打《う》ち方《かた》になります。

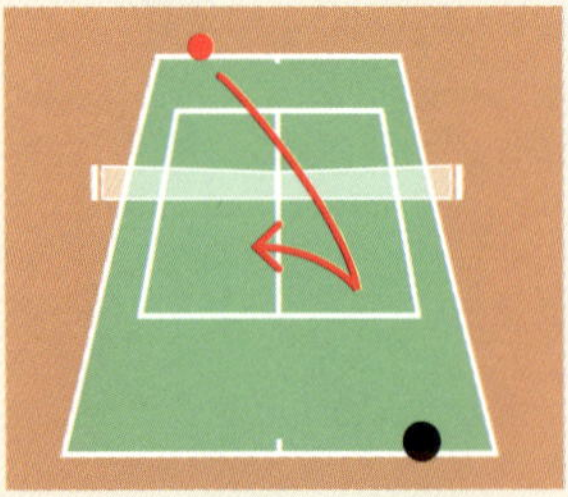

●サーバーが右利《みぎき》き

バウンド後《ご》のボールは構《かま》えている自《じ》分《ぶん》の体側《からだがわ》に曲《ま》がってくるので、サービスの軌道《きどう》の正面《しょうめん》に入《はい》って、落下点《らっかてん》に右《みぎ》足《あし》を持《も》っていき、左足《ひだりあし》を左側《ひだりがわ》にズラして（すべらせて）打《う》ちます。

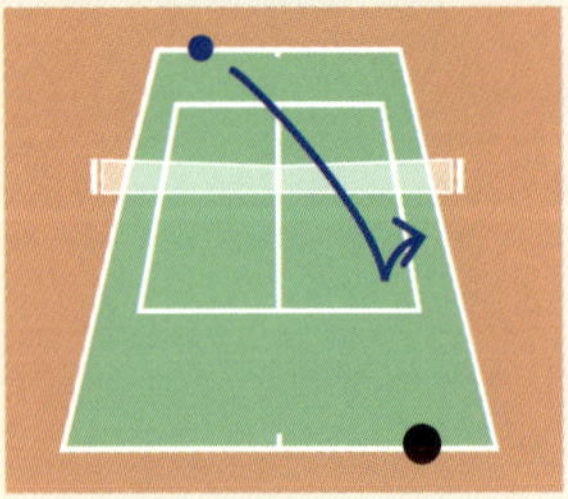

●サーバーが左利《ひだりき》き

バウンド後《ご》のボールは自分《じぶん》の体《からだ》から離《はな》れていきます。つまり、自分《じぶん》の体《からだ》からボールが逃《に》げていくイメージです。サービスの軌道《きどう》の正面《しょうめん》に体《からだ》を入《い》れて落《らっ》下点《かてん》に左足《ひだりあし》を持《も》っていき、右足《みぎあし》を右側《みぎがわ》にズラして（すべらせて）打《う》ちます。

第《だい》5章《しょう》

ミスのない
ネットプレーをめざそう

相手《あいて》ボールをノーバウンドで打《う》ち返《かえ》すプレー
ボールの勢《いきお》いを生《い》かした打《う》ち方《かた》を

攻撃《こうげき》にも守《まも》りにも使《つか》える万能《ばんのう》なプレー「ネットプレー」

ネットプレーというのは、相手《あいて》が打《う》ってきたボールをノーバウンドで返球《へんきゅう》するプレーです。ワンバウンドしたボールを打《う》つよりも、早《はや》いタイミングで打《う》ち返《かえ》すことになります。

ネット付近《ふきん》で相手《あいて》のシュートボールを打《う》つのがフォアボレーやバックボレー、ネットにつけない場合《ばあい》やコート中間《ちゅうかん》付近《ふきん》で低《ひく》い打点《だてん》で打《う》つのがローボレー、相手《あいて》のロビングや甘《あま》くなった山《やま》なりのボールを頭上《ずじょう》でたたくのがスマッシュです。

攻撃《こうげき》の場面《ばめん》でも、守《まも》りの場面《ばめん》でもネットプレーは行《おこな》います。1本決《ぽんき》めにいく、攻撃《こうげき》されても1本《ぽん》しのぐ、いずれの場合《ばあい》でも、ミスなくプレーできるよう、リズミカルに打《う》っていけるようにしましょう。

問題《もんだい》 25

初級《しょきゅう》 中級 上級

正《ただ》しい正面《しょうめん》ボレーの打《う》ち方《かた》は?

1. ラケットを大《おお》きく後《うし》ろに引《ひ》いてから打《う》つ
2. 軸足《じくあし》とは逆《ぎゃく》の足《あし》に重心《じゅうしん》を乗《の》せる
3. ラケットを振《ふ》って打《う》つ
4. ボールを待《ま》って打《う》つ

ヒント
hint

正面《しょうめん》ボレーはネットの近《ちか》くで自分《じぶん》の体《からだ》の正面《しょうめん》でボールをとらえるプレーです。軸足《じくあし》に重心《じゅうしん》をかけてタメをつくって打《う》ちます。

答《こた》えがわかったらページをめくってね

25の答《こた》え ▶ 4 ボールを待《ま》って打《う》つ

サン
ニ
イチ
左手《ひだりて》でラケットを準備《じゅんび》する

イチ
ニ
サン

なんで

イチ・ニ・サンのリズムで打《う》つ

ボールを待《ま》って「イチ・ニ・サン」のリズムで打《う》つのが正面《しょうめん》ボレー。右利《みぎき》きの場合《ばあい》、「イチ」で右足《みぎあし》を前《まえ》に出《だ》して、「ニ」でインパクトしていき、「サン」で重心移動《じゅうしんいどう》しながらラケット面《めん》をそのまま押《お》し出《だ》します。このリズムで打《う》てば、重心《じゅうしん》にタメができ、飛《と》んできたボールに力《ちから》を伝《つた》えることができるのです。

リズムをつかむのが
むずかしければ
手投《てな》げのボールを打《う》つ
練習《れんしゅう》から始《はじ》めてみよう！

問題《もんだい》 26

初級《しょきゅう》

正《ただ》しいフォアボレーのフットワークは？

1 カニ歩《ある》きでボールをとりにいく

2 斜《なな》め前《まえ》にとりにいく

3 後《うし》ろにさがりながらとる

ヒント
hint

ネットから遠《とお》いとミスが増《ふ》えます。

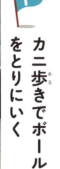

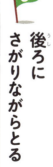

26の答《こた》え ▶ 2 斜《なな》め前《まえ》にとりにいく

なんで

素早《すばや》くボールへの距離《きょり》を詰《つ》めるため

カニ歩《ある》きでとりにいくと、ネットから離《はな》れたところでボールをとらえることになり、ネットにかけるなどミスにつながりやすいです。できるだけラケット面《めん》がネットに近《ちか》いところでボールをとらえるようにしましょう。

また、さがりながらボレーするとミスにつながります。

トライ! フォアボレー

▲ネットからラケット2本《ほん》くらいのところに立《た》って構《かま》える（待球姿勢《たいきゅうしせい》）

▲ボールへ向《む》かって斜《なな》め前《まえ》に詰《つ》めていく

▲ネット付近《ふきん》でインパクトする

ボレーのときの左手《ひだりて》

ボレーを行《おこな》う際《さい》、利《き》き手《て》でラケットを握《にぎ》っているだけではありませんか？　もちろんインパクトのときは右利《みぎき》きの場合《ばあい》、右《みぎ》手《て》のみでラケットを持《も》っていますが、構《かま》えからボレーの体勢《たいせい》に入《はい》る間《あいだ》は、左手《ひだりて》でラケットをリードしてインパクトの位置《いち》にセットするといいと思《おも》います。

こうすることでインパクト時《じ》にラケット面《めん》がぶれずに、勢《いきお》いよくボールを弾《はじ》き飛《と》ばすことができます。ただし、力《りき》んでしまってはいけません。左手《ひだりて》1本《ぽん》でラケットを持《も》ち、インパクトのときに右手《みぎて》を握《にぎ》りこむぐらいの気持《きも》ちでいてもいいでしょう。

問題《もんだい》

27

初級《しょきゅう》

正《ただ》しいバックボレーのとり方《かた》は？

1 思《おも》い切《き》り胸《むね》を張《は》る

2 インパクトではボールを押《お》し出《だ》す

3 インパクト後《ご》に足《あし》を止《と》める

ヒント
hint

ボールは上《うえ》から見《み》るようにしましょう。フォアボレーではラケットを振《ふ》らず、ボールを待《ま》ってタメをつくって打《う》つことが大切《たいせつ》なポイントでした。

答《こた》えがわかったらページをめくってね

27の答《こた》え ▶ 2 インパクトではボールを押《お》し出《だ》す

なんで

左足《ひだりあし》(軸足《じくあし》)のタメを大切《たいせつ》に

フォアボレーよりもバックボレーは力《ちから》を伝《つた》えづらい体勢《たいせい》なので、まずはラケットを持《も》っていないほうの手《て》でリードして面《めん》をつくります。力《ちから》の足《た》りない小学生《しょうがくせい》では、左足《ひだりあし》(軸足《じくあし》)でしっかりタメをつくり、インパクトしましょう。

POINT

背中《せなか》を丸《まる》めずに！　重心移動《じゅうしんいどう》も大切《たいせつ》！

適度《てきど》に胸《むね》を張《は》ったいい姿勢《しせい》でボールをとりにいきましょう。このとき最短距離《さいたんきょり》で前《まえ》に詰《つ》めることが大切《たいせつ》です。

右利《みぎき》きの場合《ばあい》、左足《ひだりあし》が軸足《じくあし》になり、その軸足《じくあし》に重心《じゅうしん》を乗《の》せることでタメができます。インパクトに向《む》かうと同時《どうじ》に軸足《じくあし》から踏《ふ》み込《こ》み足《あし》の右足《みぎあし》に重心《じゅうしん》を移動《いどう》させ、ボールに力《ちから》を伝《つた》えていきます。重心移動《じゅうしんいどう》することでインパクト時《じ》に自然《しぜん》と力《ちから》が伝《つた》わっていくので、ボールを押《お》し出《だ》すイメージで打《う》っていきましょう。

問題《もんだい》 28
中級《ちゅうきゅう》

正《ただ》しいローボレーのとり方《かた》は？

1 ヒザは伸《の》ばしておく

2 ボールを待《ま》って打《う》つ

3 腰《こし》が高《たか》い位置《いち》に

4 体重《たいじゅう》を後《うし》ろ足《あし》に乗《の》せる

ヒント
hint

ボールを低《ひく》い位置《いち》でとるのがローボレーです。低《ひく》い姿勢《しせい》から全身《ぜんしん》でボールを押《お》し出《だ》していくイメージで打《う》ち返《かえ》します。

答《こた》えがわかったらページをめくってね

28の答《こた》え

▼ 2

ボールを待《ま》って打《う》つ

なんで

タメをつくってボールを押《お》し出《だ》す

ローボレーはコートの中間地点《ちゅうかんちてん》で低《ひく》いボールを打《う》ち返《かえ》すプレーです。ヒザが伸《の》び、体重《たいじゅう》が後《うし》ろにかかっているとインパクトしたボールを前《まえ》に押《お》し出《だ》すことができません。

ヒザをグッと曲《ま》げて腰《こし》を落《お》とし、ボールを下《した》から見《み》て、後《うし》ろから前《まえ》に体重移動《たいじゅういどう》をしながらボールを前《まえ》に押《お》し出《だ》していきます。そのため、自分《じぶん》からボールを迎《むか》えにいくのではなく、ボールがくるのを待《ま》つ気持《きも》ちでタメをつくって、前《まえ》に押《お》し出《だ》していきましょう。

トライ!

ボールを待《ま》つ感覚《かんかく》を覚《おぼ》える

この練習《れんしゅう》をすることで、ボールを「待《ま》って打《う》つ」感覚《かんかく》がつかめるはずです。

やりかた

コート中間付近《ちゅうかんふきん》に椅子《いす》を置《お》き、練習者《れんしゅうしゃ》は軽《かる》く座《すわ》る。球出《たまだ》し者《しゃ》は練習者《れんしゅうしゃ》が足《あし》を動《うご》かさずに打《う》てる位置《いち》にローボレーの上《あ》げボールをする。練習者《れんしゅうしゃ》は自分《じぶん》から体《からだ》を前《まえ》のめりにせず、しっかりボールを待《ま》ってからローボレーで返《かえ》す。

問題《もんだい》

29

中級《ちゅうきゅう》

スマッシュを打《う》つときの正《ただ》しいさがり方《かた》と姿勢《しせい》は？

1

正面《しょうめん》にいる相手《あいて》を見《み》たまま
さがる

2

左手《ひだりて》をさげて
さがる

3

左手《ひだりて》をあげて
さがる

＼ヒント／
hint

スムーズにさがれないとボールの落下点《らっかてん》まで素早《すばや》く移動《いどう》できません。スムーズなさがり方《かた》とは、野球《やきゅう》の外野《がいや》の選手《せんしゅ》が後《うし》ろにさがってフライを捕《と》るときと似《に》ていると考《かんが》えましょう。

答《こた》えがわかったらページをめくってね

29の答《こた》え ▶ 3 左手《ひだりて》をあげてさがる

▲左手《ひだりて》をあげているいい姿勢《しせい》（写真《しゃしん》）。もし左手《ひだりて》をさげると次《つぎ》の動作《どうさ》まで時間《じかん》がかかったりする

POINT

半身《はんみ》でさがる

スマッシュのボールをさがって追《お》うときには、クロスステップでのさがり方《かた》があります。ネットに対《たい》して体《からだ》を半身《はんみ》（横向《よこむ》き）にして、足《あし》をクロスさせて（ネットに近《ちか》いほうの足《あし》を体《からだ》の前《まえ》に動《うご》かす）さがっていきます。右利《みぎき》きの選手《せんしゅ》なら、ボールを左《ひだり》の肩越《かたご》しに見《み》て後《うし》ろにさがることになります。最近《さいきん》は、つま先《さき》（下半身《かはんしん》）を落下点方向《らっかてんほうこう》に、上半身《じょうはんしん》を空中《くうちゅう》にあるボールの方向《ほうこう》に向《む》けるさがり方《かた》が多《おお》いです。

反対側《はんたいがわ》にボールが来《き》たら？

クロスステップでさがるのは、ラケットを持《も》っている側《がわ》にボールが飛《と》んできた場合《ばあい》のことをいいます。では、逆側《ぎゃくがわ》に飛《と》んできた場合《ばあい》はどうすればいいでしょう？

例《たと》えば右利《みぎき》きの選手《せんしゅ》にとって、自分《じぶん》の体《からだ》の左側《ひだりがわ》に山《やま》なりのボールが飛《と》んできた場合《ばあい》です。正解《せいかい》は回《まわ》りこむこと。体《からだ》を切《き》り返《かえ》し、スマッシュを打《う》ちます。

①ボールの追《お》い始《はじ》めは左側《ひだりがわ》（バック側《がわ》）を向《む》いてクロスステップでフットワーク
②落下点《らっかてん》の手前《てまえ》で体《からだ》をフォア側《がわ》に切《き》り返《かえ》す
③落下点《らっかてん》に素早《すばや》く入《はい》り、スマッシュを打《う》つ

問題《もんだい》 30 上級《じょうきゅう》

スマッシュを打《う》つとき、なぜ右手《みぎて》のヒジをあげて後《うし》ろにさがる？

ヒント
hint

落下点《らっかてん》にしっかり入《はい》り、頭上《ずじょう》でインパクトするのがスマッシュです。ヒジをあげているときとさげているときでは、フォームにどんな違《ちが》いがあるでしょうか。

30の答《こた》え ▶ 高《たか》い打点《だてん》でインパクトして ボールに力《ちから》を伝《つた》えきるため

なんで

横振《よこぶ》りを防《ふせ》いでいいスマッシュを打《う》てる

ラケットを持《も》つ側《がわ》のヒジがさがっていると横振《よこぶ》りになり、高《たか》い打点《だてん》で打《う》ちづらいでしょう。また、テークバックが遅《おそ》いのはヒジがさがっているのも原因《げんいん》です。

落下点《らっかてん》に入《はい》り、テークバックが完了《かんりょう》するまでヒジは高《たか》くあげ、ラケットが打点《だてん》に対《たい》して最短距離《さいたんきょり》になるようにしましょう。ボールに力《ちから》を伝《つた》えきって、いいスマッシュを打《う》ってください。

POINT

スマッシュのミスをなくそう

ムリなコースに打《う》とうとするとミスになりがちです。まずは、ボールがきた方向《ほうこう》に素直《すなお》にラケット面《めん》を出《だ》していきましょう。

また、落下点《らっかてん》に入《はい》ったとき、ボールがやや遠《とお》い場合《ばあい》は流《なが》し（右利《みぎき》きならば自分《じぶん》の体《からだ》の右側《みぎがわ》に打《う》つ）やすくなります。ボールがやや近《ちか》い場合《ばあい》は引《ひ》っ張《ば》り（右利《みぎき》きならば自《じ》分《ぶん》の体《からだ》の左側《ひだりがわ》に打《う》つ）やすくなります。

これを覚《おぼ》えておくと、ムリなコースに打《う》ち返《かえ》すことがなくなるはずです。

▲ネットに対《たい》して正面《しょうめん》を向《む》いてさがるのは×、右手《みぎて》のヒジがさがっているのも×。ネットに対《たい》して半身《はんみ》になり、ヒジをあげた状態《じょうたい》で落下点《らっかてん》に入《はい》っていこう

これ知《し》ってる？　ラケット面《めん》の準備《じゅんび》の仕方《しかた》

ネットプレーでは、とても大《おお》きなボールを抱《かか》えているイメージを持《も》つといいでしょう。これらの抱《かか》えこみ方《かた》は、ネットプレーのときのラケットの出《だ》し方《かた》、体勢《たいせい》と同《おな》じです。ぜひ、意識《いしき》しながらプレーしてみてください。

▲高《たか》い位置《いち》＝手《て》を上《うえ》から覆《おお》いかぶせるように抱《かか》えこむ

大《おお》きなボールを抱《かか》えているイメージで自分《じぶん》から遠《とお》いボールほど体《からだ》の前《まえ》でとるようにしましょう

▲真《ま》ん中《なか》の位置《いち》＝自分《じぶん》の体《からだ》からやや前《まえ》で抱《かか》える

大《おお》きなボールに沿《そ》わせるイメージでラケットを動《うご》かそう

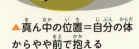

第《だい》6章《しょう》

もっと試合《しあい》に勝《か》つために知《し》っておこう

前衛《ぜんえい》と後衛《こうえい》で コンビネーションよく 勝利《しょうり》をつかみ取《と》ろう！

それぞれの役割《やくわり》を覚《おぼ》えて もっと勝《か》てるようになろう

試合《しあい》の中《なか》でさまざまなプレーを使《つか》い、ポイントを奪《うば》っていくソフトテニス。ラリー中《ちゅう》に、その状況《じょうきょう》に合《あ》ったプレーをミスなく行《おこな》わなければなりません。

また、ダブルスの試合《しあい》が多《おお》いため、コート後方《こうほう》で主《おも》にストロークを行《おこな》う後衛《こうえい》（ベースラインプレーヤー）、ネット近《ちか》くで主《おも》にネットプレーを行《おこな》う前衛《ぜんえい》（ネットプレーヤー）が、それぞれの役割《やくわり》を果《は》たすことも重要《じゅうよう》です。２人《ふたり》のコンビネーションを生《い》かして１ポイントを取《と》るためにも、自《じ》分《ぶん》の役割《やくわり》を知《し》らなければなりません。

この章《しょう》では試合《しあい》に勝《か》つために必要《ひつよう》な、後衛《こうえい》、前衛《ぜんえい》のプレーについてお話《はな》ししていきましょう。

問題《もんだい》 31
中級《ちゅうきゅう》

前衛《ぜんえい》の正《ただ》しいポジションはどれ？

1 相手後衛《あいてこうえい》の正面《しょうめん》に立《た》つ

2 相手前衛《あいてぜんえい》の正面《しょうめん》に立《た》つ

3 ワンプレーごとに変《か》わる

＼ヒント／
hint

相手《あいて》の打球者《だきゅうしゃ》が打《う》てる範囲《はんい》の真《ま》ん中《なか》に立《た》つことがポイントです。

答《こた》えがわかったらページをめくってね

31の答《こた》え ▼ 3 ワンプレーごとに変《か》わる

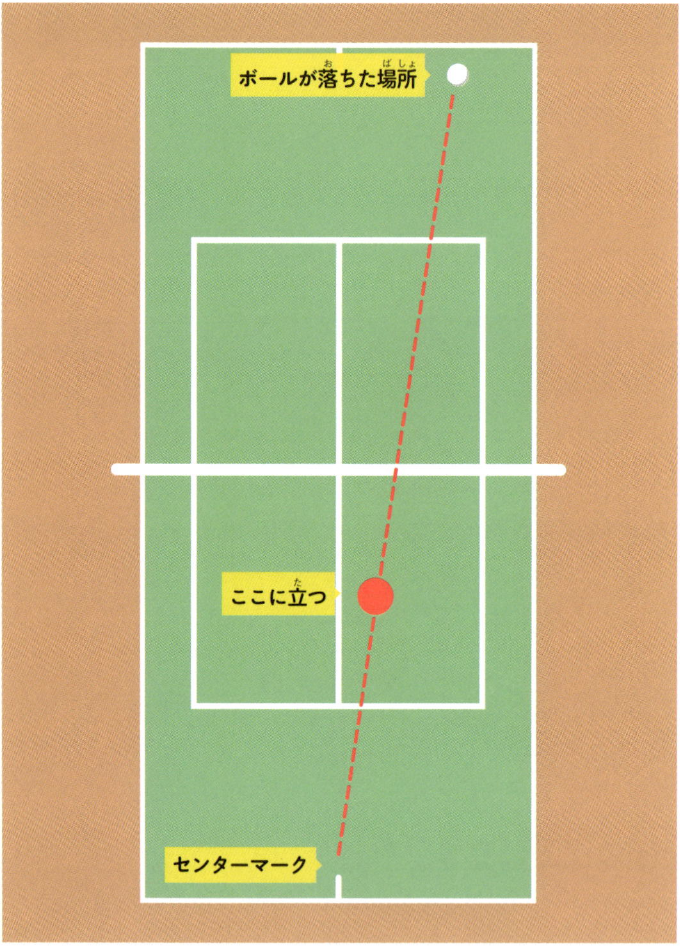

なんで

ボールが落《お》ちた場所《ばしょ》と自分《じぶん》のコートのセンターマークを結《むす》んだ線上《せんじょう》に立《た》つ

　前衛《ぜんえい》は、相手《あいて》の打球者《だきゅうしゃ》がどこでも打《う》てるような位置《いち》にポジションをとってはいけません。前衛《ぜんえい》はいつも、相手《あいて》の打球者《だきゅうしゃ》の打《う》てるスペースをできるだけ小《ちい》さくする役割《やくわり》があります。ですから、図《ず》のように、相手《あいて》コートのボールが落《お》ちた場所《ばしょ》と自分《じぶん》のコートのセンターマークを結《むす》んだ線上《せんじょう》に立《た》つのです。

問題《もんだい》 32 上級《じょうきゅう》

前衛《ぜんえい》がボレーやスマッシュを追《お》う（打《う》ちにいく）タイミングで正《ただ》しいのはどれ？

1 相手《あいて》の打球者《だきゅうしゃ》がラケットを引《ひ》き始《はじ》めるとき

2 相手《あいて》の打球者《だきゅうしゃ》がラケットを引《ひ》き終《お》わったとき

3 相手《あいて》の打球者《だきゅうしゃ》がラケットを引《ひ》き終《お》わる前《まえ》

ヒント hint

早《はや》く動《うご》くと、相手《あいて》にコースを変《か》えられてしまいます。

32の答《こた》え

3

相手《あいて》の打球者《だきゅうしゃ》がラケットを引《ひ》き終《お》わる前《まえ》

なんで

動《うご》くのをギリギリまでねばる

前衛《ぜんえい》が動《うご》き出《だ》すタイミングとして、相手《あいて》の打球者《だきゅうしゃ》がラケットを引《ひ》き始《はじ》めるときでは早《はや》すぎます。逆《ぎゃく》にラケットを引《ひ》き終《お》わったときでは遅《おそ》すぎで、自分《じぶん》がボールを追《お》うのが遅《おく》れてしまいます。したがって、一番《いちばん》いいのは、ラケットを引《ひ》き終《お》わる直前《ちょくぜん》となります。

問題《もんだい》
33
中級《ちゅうきゅう》

前衛《ぜんえい》が後《うし》ろからネットにつくとき間違《まちが》っているのはどれ?

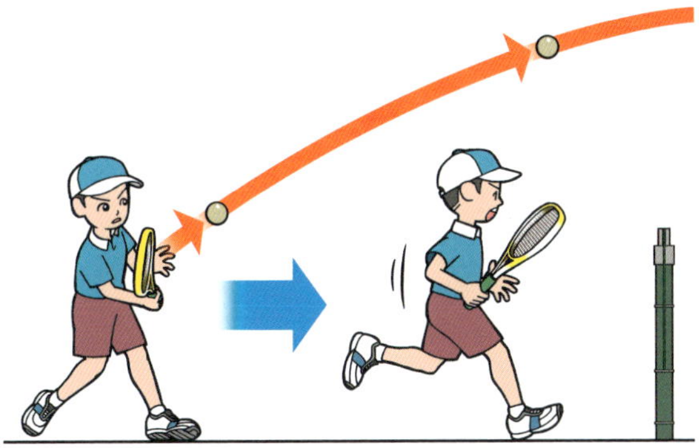

1 とにかくネット前《まえ》に走《はし》る

2 相手《あいて》の打球者《だきゅうしゃ》が打《う》つ前《まえ》に止《と》まる

3 相手《あいて》の打球者《だきゅうしゃ》が打《う》ったあとに止《と》まる

ヒント
hint
前衛《ぜんえい》がネットにつく前《まえ》に相手《あいて》に攻《せ》められるときは、準備《じゅんび》して待《ま》ちましょう。

 ☞ 答《こた》えがわかったらページをめくってね

33の答《こた》え ▼ 2

相手《あいて》の打球者《だきゅうしゃ》が打《う》つ前《まえ》に止《と》まる

なんで

相手《あいて》のボールに対応《たいおう》できるように

前衛《ぜんえい》がネットにつく前《まえ》に相手《あいて》に攻《せ》められるとき、飛《と》んできたボールに対応《たいおう》できるように止《と》まって準備《じゅんび》しなくてはなりません。そのとき、動《うご》いて（走《はし》って）いたら、ミスの可能性《かのうせい》が高《たか》くなります。ミスをしないためにも、打球者《だきゅうしゃ》がボールを打《う》つ前《まえ》には一度《いちど》止《と》まって構《かま》え、相手《あいて》のボールに対応《たいおう》できる準備《じゅんび》をしておきましょう。

PO!NT

前衛《ぜんえい》のレシーブは？

自分《じぶん》が速《はや》く、強《つよ》いレシーブを打《う》つと、相手《あいて》の返球《へんきゅう》は速《はや》いタイミングで返《かえ》ってきます。自分《じぶん》がレシーブ後《ご》にネット前《まえ》に前進《ぜんしん》するためには、時間《じかん》をつくることも大切《たいせつ》です。コースや球種《きゅうしゅ》も考《かんが》えましょう。

PO!NT

ネットにつけない場合《ばあい》のローボレー

上《うえ》で紹介《しょうかい》した原則《げんそく》はありますが、とはいえ試合中《しあいちゅう》はその通《とお》りにいかないこともあります。ネットにつけない場合《ばあい》のローボレーのポイントをチェックしておきましょう。

- 相手《あいて》が打《う》つ瞬間《しゅんかん》はしっかり止《と》まり、
  自分《じぶん》の周囲《しゅうい》のどこにボールが飛《と》んできても大丈夫《だいじょうぶ》なように準備《じゅんび》をしよう
- ボールがきた方向《ほうこう》に素直《すなお》にローボレーを返《かえ》そう
- ボールは下《した》から見《み》るようにしよう
- 腰《こし》を低《ひく》くして待《ま》とう

これ知《し》ってる？

食事《しょくじ》のこと

　ソフトテニス選手《せんしゅ》として成長《せいちょう》していく中《なか》で、技術《ぎじゅつ》や体力《たいりょく》のほかにも大切《たいせつ》なことがあります。「食《しょく》」に対《たい》する関心《かんしん》がその一《ひと》つです。
　例《たと》えば試合《しあい》や練習中《れんしゅうちゅう》に、糖分《とうぶん》の多《おお》い飲《の》み物《もの》ばかり飲《の》むと、汗《あせ》をかいたときに糖分《とうぶん》だけが体内《たいない》に残《のこ》ってしまいます。また、汗《あせ》をかいたら失《うしな》われる塩分《えんぶん》を摂《と》る必要《ひつよう》があるでしょう。
　選手《せんしゅ》として成長《せいちょう》するためには、ボールを打《う》つだけではなく、「食《しょく》」に対《たい》して、日頃《ひごろ》から意識《いしき》し、習慣《しゅうかん》づけていくことも重要《じゅうよう》です。

問題《もんだい》 34
中級《ちゅうきゅう》

後衛《こうえい》が相手前衛《あいてぜんえい》を攻《せ》めるとき、相手《あいて》にとられやすいのは？

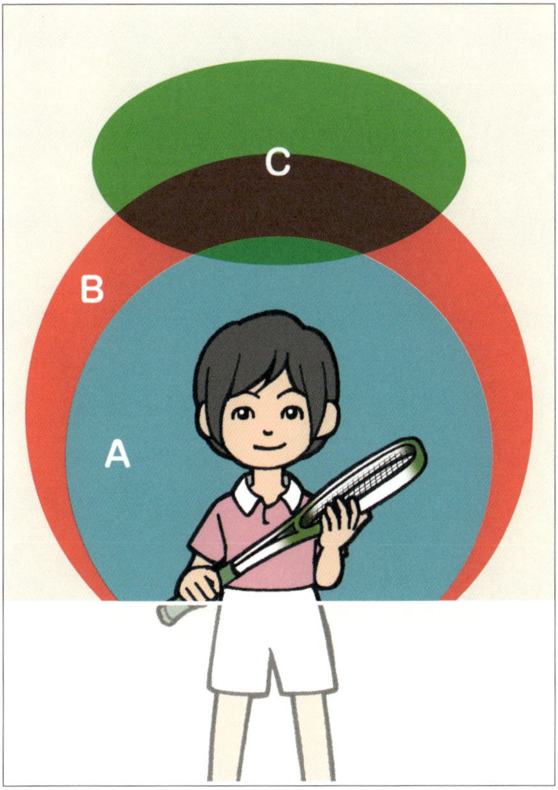

▲相手前衛《あいてぜんえい》

1. Aの部分《ぶぶん》
2. Bの部分《ぶぶん》
3. Cの部分《ぶぶん》

\ヒント/
hint

ミスを誘《さそ》えるのは、相手《あいて》がとりづらいところ、そして、とれるかとれないかのところです。つまり、簡《かん》単《たん》にはラケットを出《だ》せないスペースになります。

34の答《こた》え

1

Aの部分《ぶぶん》

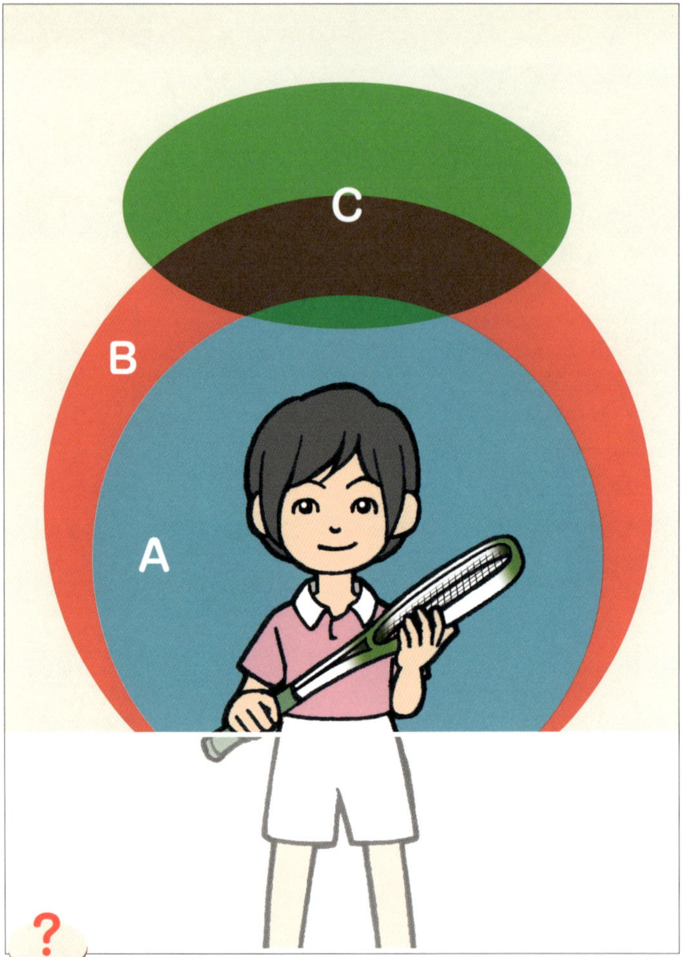

なんで

体《からだ》に近《ちか》いところは 簡単《かんたん》に手《て》が届《とど》いてしまう

　このスペースは、ラケットをスムーズに出《だ》しやすいので、相手前衛《あいてぜんえい》を攻《せ》めるときに打《う》ってはいけない場所《ばしょ》です。相手《あいて》を攻《せ》めるときの理想的《りそうてき》なコースは、Bの部分《ぶぶん》です。さらに相手《あいて》が手《て》を出《だ》しにくいのはCの部分《ぶぶん》。とれるかとれないかのぎりぎりの高《たか》さになるため、相手《あいて》のミスを誘《さそ》いやすくなります。

　また、自分《じぶん》がバックハンドで打《う》つと、相手《あいて》にとっては、打《う》たれるコースがわかりづらいため、有効打《ゆうこうだ》になりやすいでしょう。

問題《もんだい》 35
中級《ちゅうきゅう》

後衛《こうえい》が使《つか》うショット「攻《せ》めのロブ」とは？

1. 相手《あいて》に攻《せ》められたときに返《かえ》すロブ
2. 相手《あいて》の陣形《じんけい》をくずしたいときに打《う》つロブ
3. 自分《じぶん》の体勢《たいせい》がくずれ、体勢《たいせい》を立《た》て直《なお》すときのロブ

hint《ヒント》

自分《じぶん》が打《う》つロブで、得点《とくてん》パターンをつくるときに「攻《せ》めのロブ」を使《つか》います。また「攻《せ》めのロブ」の逆《ぎゃく》は「つなぎのロブ」「しのぐロブ」などです。

答《こた》えがわかったらページをめくってね

35の答《こた》え ▼ 2

相手《あいて》の陣形《じんけい》をくずしたいときに打《う》つロブ

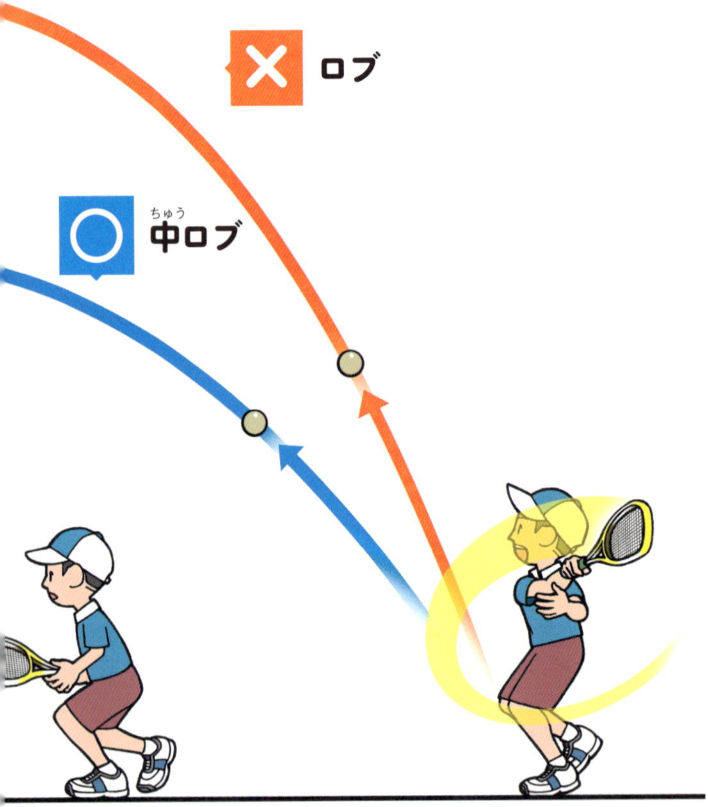

なんで

高《たか》さを使《つか》って相手《あいて》を攻《せ》める

ロブを使《つか》って攻撃《こうげき》をしかけることを「攻《せ》めのロブを打《う》つ」と言《い》います。スピードやパワーのあるシュートボールだけが攻撃《こうげき》のボールではなく、ロビングは高《たか》さをつけてコースを変更《へんこう》し、相手《あいて》の陣形《じんけい》をくずすときなどにも使《つか》えます。特《とく》に、中《ちゅう》ロブと呼《よ》ばれる、相手前衛《あいてぜんえい》にとられないくらいの高《たか》さでスピードのあるボールは、攻撃的《こうげきてき》なショットといえます。

元気《げんき》に大《おお》きな声《こえ》を出《だ》して プレーしよう

ゲーム中《ちゅう》のポイントやどちらがボールを打《う》つのかなど、声《こえ》をかけ合《あ》ってプレーしましょう。声《こえ》を出《だ》すことで集中力《しゅうちゅうりょく》や持続力《じぞくりょく》が向上《こうじょう》します。また、2人《ふたり》で目的《もくてき》をひとつにし、より効果的《こうかてき》な試合《しあい》や練習《れんしゅう》ができるようになります。

科学的効果《かがくてきこうか》

大《おお》きな声《こえ》を出《だ》すことで、神経系《しんけいけい》における運動制御《うんどうせいぎょ》レベルを外《はず》し、筋肉《きんにく》の限界《げんかい》まで力《ちから》を発揮《はっき》させる効果《こうか》があります。つまり、声《こえ》を出《だ》すと自分《じぶん》のパフォーマンスを最大限《さいだいげん》に近《ちか》づけることができるのです。また、「声《こえ》はもうひとつの筋肉《きんにく》」といわれています。一時的《いちじてき》に呼吸《こきゅう》が深《ふか》くなり、断続的《だんぞくてき》な深呼吸《しんこきゅう》をしているのと同《おな》じ状態《じょうたい》をつくるのです。心肺機能《しんぱいきのう》を高《たか》め、集中力《しゅうちゅうりょく》や持続力《じぞくりょく》が向上《こうじょう》するといえます。

精神的効果《せいしんてきこうか》

やる気《き》、気合《きあい》、意気《いき》ごみを高《たか》める「はげまし効果《こうか》」を期待《きたい》できます。ペアで声《こえ》をかけ合《あ》うことはもちろん、自分自身《じぶんじしん》に声《こえ》をかける「セルフトーク」でもいいでしょう。セルフトークによる自己暗示《じこあんじ》は、勇気《ゆうき》づける、精神的《せいしんてき》なゆとりを与《あた》える、理想的《りそうてき》なパフォーマンスを実現《じつげん》させるなどのよい効果《こうか》を期待《きたい》できます。

実質的効果《じっしつてきこうか》

声《こえ》を出《だ》すことは、リズムやタイミングを計《はか》るなどのチームプレーによる意思疎通《いしそつう》はもちろん、危険防止《きけんぼうし》（存在認知《そんざいにんち》、接触《せっしょく》の回避《かいひ》）にも役立《やくだ》ちます。さらにチームに一体感《いったいかん》が生《う》まれ、コート上《じょう》に自分《じぶん》たちの独自《どくじ》の空間《くうかん》や空気《くうき》をつくりだすこともできます。

問題《もんだい》 36
初級《しょきゅう》

もし、ミスをしてしまったら?

1 落《お》ちこむ

2 気《き》持《も》ちを切《き》り替《か》える

3 次《つぎ》の攻《せ》め方《かた》を考《かんが》える

\ヒント/
hint

ミスが続《つづ》かないことが重要《じゅうよう》です。ミスしたことを悔《く》やんでも、ポイントは戻《もど》ってきません。次《つぎ》にポイントを取《と》り返《かえ》すことを考《かんが》えていきましょう。

答《こた》えがわかったらページをめくってね

36の答《こた》え ▶ 2 気《き》持《も》ちを切《き》り替《か》える

3 次《つぎ》の攻《せ》め方《かた》を考《かんが》える

なんで

次《つぎ》の攻撃《こうげき》でポイントを取《と》り返《かえ》せるように

試合中《しあいちゅう》、ミスをしたことを悔《く》やんで落《お》ちこんだり、次《つぎ》のボールもミスしてしまうのではないかと不安《ふあん》になることもあるでしょう。しかし、そういうネガティブな気持《きも》ちにならないよう心《こころ》がけることは大切《たいせつ》です。

ミスしたら、次《つぎ》はポイントを取《と》り返《かえ》す！　そういう気持《きも》ちで前向《まえむ》きに戦《たたか》っていくべきです。切《き》り替《か》えるために、深呼《しんこ》吸《きゅう》したりなど、少《すこ》し時間《じかん》をとって、気持《きも》ちを落《お》ち着《つ》けましょう。また、ペアと次《つぎ》の攻《せ》め方《かた》を相談《そうだん》するのも◎。気持《きも》ちを切《き》り替《か》え、次《つぎ》の攻撃《こうげき》でポイントを取《と》り返《かえ》せるようにしましょう。

問題《もんだい》37 上級《じょうきゅう》

サービスなどでミスをしないために、ルーティン（習慣《しゅうかん》）を持《も》つとよいといわれます。ルーティンにふさわしくないのはどれですか？

1 屈伸《くっしん》をする

2 空《そら》を見《み》あげる

3 ラケットを地面《じめん》にたたきつける

4 ラケットのガットをそろえる

ヒント
hint

ルーティンとは、いつも同《おな》じ動作《どうさ》をすることで、ミスをしないいつも通《どお》りの状況《じょうきょう》をつくるということ。その動作《どうさ》をすることで、心《こころ》が落《お》ち着《つ》き、いつも通《どお》りのプレーができるのです。

37の答《こた》え ▶ 3 ラケットを地面《じめん》にたたきつける

▲空《そら》を見《み》あげる

▲屈伸《くっしん》する

なんで

道具《どうぐ》を壊《こわ》さずに次《つぎ》へ切《き》り替《か》えを

まず、道具《どうぐ》は大切《たいせつ》にしましょう。ラケットを地面《じめん》にたたきつけるような行動《こうどう》は、気持《きも》ちが高《たか》ぶって怒《いか》りを感《かん》じているようなときですよね。これでは、心《こころ》が落《お》ち着《つ》きミスをしないような、いつも通《どお》りの状《じょう》況《きょう》をつくりあげられません。

ルーティンは自分《じぶん》の心《こころ》が落《お》ち着《つ》き、集《しゅう》中力《ちゅうりょく》をアップする方法《ほうほう》ならなんでも構《かま》いません。例《たと》えば屈伸《くっしん》には、緊張《きんちょう》で硬《かた》くなっている体《からだ》をほぐすという効果《こうか》があります。また、空《そら》を見《み》あげたり、ラケットのガットをそろえることで、気持《きも》ちを切《き》り替《か》えたり、集中《しゅうちゅう》させることができる選《せん》手《しゅ》もいるでしょう。トップ選手《せんしゅ》の試合《しあい》を観《み》たりして、自分《じぶん》なりのルーティンを探《さが》し出《だ》してみましょう。

▲深呼吸《しんこきゅう》する

▲ラケットのガットを直《なお》す

ペアと話《はな》しをしたり、
声《こえ》を出《だ》したり
するのもいいね

一度《いちど》素振《すぶ》りを
するのもいいね！

指導《しどう》の基本《きほん》は変《か》わらない

学生時代《がくせいじだい》、下手《へた》だった私《わたし》に指《し》導《どう》してくださった恩師《おんし》のことが忘《わす》れられません。自分《じぶん》の指導《しどう》の中《なか》に、その恩師《おんし》の教《おし》えが今《いま》も基《き》本《ほん》として息《いき》づいています。

「テニスを文章《ぶんしょう》にすること」といって、たくさんノートをとらされました。指導《しどう》されたことが、今《いま》の私《わたし》の指導《しどう》の中《なか》にも残《のこ》っています。何十年《なんじゅうねん》経《た》った今《いま》でも指導《しどう》の基本《きほん》は変《か》わらないのだなと、あらためて気《き》づくことがあります。

初《はじ》めてラケットを持《も》ったときの中学校《ちゅうがっこう》・高校《こうこう》の先生《せんせい》、大学《だいがく》で指導《しどう》してくださった先生《せんせい》、今《いま》、あらためて感謝《かんしゃ》の気持《きも》ちでいっぱいです。

向上心《こうじょうしん》、探求心《たんきゅうしん》、好奇心《こうきしん》

　私《わたし》は多《おお》くの方々《かたがた》にお目《め》にかかり、たくさんの仲間《なかま》たち、私《わたし》の尊敬《そんけい》する偉大《いだい》な指導者《しどうしゃ》の方《かた》、また若《わか》い指導者《しどうしゃ》の方《かた》からもお話《はなし》をお伺《うかが》いし、新《あたら》しいこと、古《ふる》くからのことなど、自分《じぶん》の知《し》らないことをたくさん学《まな》びたいと思《おも》っています。

　科学的《かがくてき》なトレーニング方法《ほうほう》やメンタル面《めん》のこと、また他競技《たきょうぎ》からの指導情報《しどうじょうほう》を積極的《せっきょくてき》に取《と》り入《い》れるため、情報交換《じょうほうこうかん》の場《ば》に出《で》向《む》くようにもしています。

　そして、多《おお》くのことを学《まな》び、それらのよきところを子《こ》どもたちにシンプルに伝《つた》えたいと考《かんが》えています。

　指導者《しどうしゃ》として、学《まな》ぶことを止《と》めてしまったら、子《こ》どもの前《まえ》には立《た》てないのではないかと思《おも》っています。向上心《こうじょうしん》、探求心《たんきゅうしん》、好奇心《こうきしん》は、いくつになっても高《たか》まるばかりです。

ソフトテニス用《よう》語《ご》集《しゅう》（さくいん）

ア

アウト……10・71
ボールがコートの外《そと》に出《で》ること。そのショットを打《う》っていない選手《せんしゅ》にポイントが入《はい》る ⇕ イン

アドバンテージ……22
デュース後《ご》サーバー（レシーバー）が1ポイント得《え》たとき

アンダーハンドストローク……74・79
グラウンドストロークの打点《だてん》による打法《だほう》の一《ひと》つで、ラケットの先端《せんたん》をさげてボールを下《した》からすくいあげるように打《う》つ打法《だほう》

イースタングリップ……16・84・90・95
地面《じめん》に対《たい》してラケット面《めん》が直角《ちょっかく》になるように握《にぎ》るグリップ

インパクト……50・56・62・75～78・93・94・104・106～108・110・113
ラケットにボールがあたる瞬間《しゅんかん》。打球《だきゅう》の瞬間《しゅんかん》

ウエスタングリップ……15～17・90
地面《じめん》に対《たい》してラケット面《めん》が水平《すいへい》になるように握《にぎ》るグリップ

カ

カットサービス……12・90・97～100
ボールが変形《へんけい》するような強《つよ》く切《き》って打《う》つサービス

逆《ぎゃく》クロス……10・24
コートの左側《ひだりがわ》から、相手《あいて》コートの右側《みぎがわ》に向《む》けて打《う》つコース

クレーコート……11・12
粘土《ねんど》と細《こま》かい砂《すな》を混合《こんごう》したコート

クロス（クロスラリー）……10・24
打球《だきゅう》のコースでボールが斜《なな》めに走《はし》ること。特《とく》にコートの右側《みぎがわ》から、相手《あいて》のコートの左側《ひだりがわ》に向《む》けて打《う》つコース ⇕ ストレート

公認《こうにん》マーク……14・24
日本《にほん》ソフトテニス連盟公認《れんめいこうにん》のマーク。ラケットについている

コート……9～12・18・24・72・82・110・120・132
ソフトテニスの試合《しあい》や練習《れんしゅう》をするための場所《ばしょ》

サ

サービス……10・17・23・24・32・87～98・100・135
ボールを打《う》ち始《はじ》めること。プレーを開始《かいし》するとき（ポイントの最初《さいしょ》）の打球《だきゅう》

サービスライン……10・63・96
サービスを打《う》つときに使《つか》う横《よこ》のライン

サイドチェンジ……24
コートの場所《ばしょ》の交代《こうたい》。奇数《きすう》ゲームが終《お》わるごとに行《おこな》う

サイドライン……10
コートに引《ひ》かれた両側《りょうがわ》のライン。この線《せん》よりも外《そと》にボールが出《で》るとアウト

シャフト……13・14
ラケットの、ガットとグリップをつなぐ部分《ぶぶん》

シュート（シュートボール、ドライブ）……74・75・80・102・131
コート面《めん》と平行《へいこう》にネット近《ちか》くを直線的《ちょくせんてき》に速《はや》く鋭《するど》く飛《と》ぶ打球《だきゅう》

ショット　打球、打球すること……75・88・90・129・131

スイング　ラケットを振る動作……15・16・26・34・36・50・56・60〜63・68・70・72・78・94

ストレート　コートの縦のラインと平行の打球。⇅クロス……10

ストローク　ボールを打つ動作（全般）。打球。打法……17・32・36・48・74・90・118

砂入り人工芝コート　砂が含まれた人工芝のコート……11・12・18

スマッシュ　強い打ちこみ。普通のロビングのボールが落ちてくるところを狙って強く打ちこむ決定的打球……32・102・111〜115・121

タ

中ロブ　ロブとシュートの中間の軌道を描くショット……74・75・130・131

テークバック　ラケットを引く動作のこと……49・50・71・72・79〜81・114

デュース……22

トス　サービスをするためにボールを手から離す動作。あるいは試合前にサービス、レシーブを決めること……24・89〜91・93

ナ

ネットプレー　ネット際（前陣）で行われるプレーの総称……102・116・118

ハ

ハードコート　アスファルトなどの上に緩衝材を載せたコート……12

バックハンド　ラケットを持っていない側。バック、バックストローク、バックハンドストロークともいう……48・54・59・61・62・76・128

フォアハンド　ラケットを持っている側。フォア、フォアストローク、フォアハンドストロークともいう……48・54・55・59・62・63・67・77

フットワーク　移動してボールを打つときの足の運び……67・72・105・112

ベースライン　コートの後方に引かれた線。このラインより外にボールが出るとアウト……10・63・96

ボレー　相手の打球をノーバウンドで打つこと……17・90・102・106

ラ

ラリー　ボールの打ち合い。乱打、連打ともいう……12・26・48・118

ルーティン　いつも行う習慣のこと……135・136

レシーブ　サービスの返球。サービスされたボールを打ち返すこと……24・88・98・100・125

ローボレー　ボールを低い位置でとるボレー……102・109・110・125

ロブ（ロビング）　高くゆるやかな放物線（半円）を描くように打ちあげられる打球……40・74・75・81・102・129〜131

おわりに

ソフトテニスを通《つう》じて

私《わたし》は普段《ふだん》から子《こ》どもたちに話《はな》していることがあります。それは、あきらめないこと、周《まわ》りの人々《ひとびと》へ感謝《かんしゃ》すること、元気《げんき》にあいさつすること、積極的《せっきょくてき》な行動《こうどう》を心《こころ》がけること、道具《どうぐ》を大切《たいせつ》にする気持《きも》ち…。プレーのことよりも小《ちい》さい頃《ころ》から身《み》につけるべき礼儀《れいぎ》や作法《さほう》のこと、日常生活《にちじょうせいかつ》についての話《はなし》をするほうが多《おお》いかもしれません。それはいろいろなことに気《き》づき、考《かんが》え、工夫《くふう》し、努力《どりょく》すること、そしてがんばることが試合《しあい》の中《なか》でも必《かなら》ず大《おお》きな力《ちから》になると信《しん》じているからです。

本書《ほんしょ》を手《て》に取《と》ってくださったみなさんも、ソフトテニスを通《つう》じて、これらのことやルール、マナーを学《まな》び、たくさんのお友《とも》だちをつくり、人《ひと》として、選手《せんしゅ》として成長《せいちょう》してくださること、大《おお》きくなり、たくさんの方々《かたがた》から応援《おうえん》してもらえる選《せん》手《しゅ》になられますよう。そして…いつか、よき指導者《しどうしゃ》になってくださることを楽《たの》しみにしております。

和歌山《わかやま》LCC　川並久美子《かわなみくみこ》

●著者《ちょしゃ》

川並久美子《かわなみくみこ》

和歌山県出身《わかやまけんしゅっしん》。選手時代《せんしゅじだい》は、全日本学生選手権大会優勝《ぜんにほんがくせいせんしゅけんたいかいゆうしょう》や国体《こくたい》での活躍《かつやく》など華々《はなばな》しい成績《せいせき》を残《のこ》した。中京大学卒《ちゅうきょうだいがくそつ》。高等学校教員《こうとうがっこうきょういん》を経《へ》て和歌山《わかやま》 LCC を設立《せつりつ》。以降現在《いこうげんざい》に至《いた》るまで主《おも》にジュニア選手《せんしゅ》の育成《いくせい》に携《たずさ》わっている。和歌山県《わかやまけん》ソフトテニス連盟《れんめい》の副理事長《ふくりじちょう》、和歌山県女性《わかやまけんじょせい》スポーツ連盟会長《れんめいかいちょう》、和歌山《わかやま》レディースソフトテニス連盟会長《れんめいかいちょう》、和歌山県体育協会常任理事《わかやまけんたいいくきょうかいじょうにんりじ》。日本《にほん》ソフトテニス連盟《れんめい》・元《もと》U－14女子《じょし》コーチ。

●協力《きょうりょく》

筒井純一《つついじゅんいち》

（財）日本体育協会公認《にほんたいいくきょうかいこうにん》ソフトテニス指導員《しどういん》、サッカー指導員《しどういん》、スキー上級指導員《じょうきゅうしどういん》。ソフトテニスでは全国小学生大会個人優勝《ぜんこくしょうがくせいたいかいこじんゆうしょう》ペアを育成《いくせい》するなど、指導力《しどうりょく》に定評《ていひょう》がある。

●撮影協力《さつえいきょうりょく》

和歌山県小学生選手《わかやまけんしょうがくせいせんしゅ》のみなさんほか

和歌山県《わかやまけん》は、小学校《しょうがっこう》、中学校《ちゅうがっこう》、高校《こうこう》、大学《だいがく》、そして社会人《しゃかいじん》となって日本一《にほんいち》の称号《しょうごう》を獲得《かくとく》する選手《せんしゅ》を多《おお》く輩出《はいしゅつ》する強豪県《きょうごうけん》。さらには、河野加奈子《こうのかなこ》、花田直弥《はなだなおや》、平久保安純《ひらくぼあすみ》ら日本代表《にほんだいひょう》として活躍《かつやく》する選手《せんしゅ》も多《おお》い。

デザイン／	有限会社ライトハウス
	黄川田洋志、井上菜奈美、
	藤本麻衣
	明日未来（おおきな木）
イラスト／	丸口洋平
写　　真／	江見洋子、小河原友信
編　　集／	有限会社ライトハウス
	（佐久間一彦、松川亜樹子）

クイズでスポーツがうまくなる
知ってる？ ソフトテニス

2017年11月10日 第1版第1刷発行

著　　者／川並久美子（かわなみくみこ）
発 行 人／池田哲雄
発 行 所／株式会社ベースボール・マガジン社
　　　　　〒103-8282
　　　　　東京都中央区日本橋浜町2-61-9 TIE浜町ビル
　　　　　電話　03-5643-3930（販売部）
　　　　　　　　03-5643-3885（出版部）
　　　　　振替口座　00180-6-46620
　　　　　http://www.bbm-japan.com/

印刷・製本／広研印刷株式会社

©Kumiko Kawanami 2017
Printed in Japan
ISBN978-4-583-10955-8 C2075

＊定価はカバーに表示してあります。
＊本書の文章、写真、図版の無断転載を禁じます。
＊本書を無断で複製する行為（コピー、スキャン、デジタルデータ化など）は、私的使用のための複製など著作権法上の限られた例外を除き、禁じられています。業務上使用する目的で上記行為を行うことは、使用範囲が内部に限られる場合であっても私的使用には該当せず、違法です。また、私的使用に該当する場合であっても、代行業者等の第三者に依頼して上記行為を行うことは違法になります。
＊落丁・乱丁が万一ございましたら、お取り替えいたします。